하나님이
찾으시는 한 사람

# 하나님이 찾으시는 한 사람

지은이 | 김은호
초판 발행 | 2017. 9. 25
12쇄 발행 | 2017. 11. 22
등록번호 | 제1988-000080호
등록된 곳 | 서울특별시 용산구 서빙고로 65길 38
발행처 | 사단법인 두란노서원
영업부 | 2078-3352    FAX | 080-749-3705
출판부 | 2078-3331

책값은 뒤표지에 있습니다.
ISBN  978-89-531-2981-8 03230    Printed in Korea

독자의 의견을 기다립니다.
tpress@duranno.com    www.duranno.com

두란노서원은 바울 사도가 3차 전도여행 때 에베소에서 성령 받은 제자들을 따로 세워 하나님의 말씀으로 양육하던 장소입니다. 사도행전 19장 8-20절의 정신에 따라 첫째 목회자를 돕는 사역과 평신도를 훈련시키는 사역, 둘째 세계선교(TIM)와 문서선교(단행본·잡지) 사역, 셋째 예수문화 및 경배와 찬양 사역, 그리고 가정·상담 사역 등을 감당하고 있습니다. 1980년 12월 22일에 창립된 두란노서원은 주님 오실 때까지 이 사역들을 계속할 것입니다.

대세보다
진리를 선택하라

하나님이 찾으시는

# 한—사람

김은호 지음

두란노

19세기 네덜란드가 낳은 최고의 신학자이자 정치가였던 '아브라함 카이퍼'는 다음과 같은 시편의 짧은 구절을 늘 묵상하며, 한평생을 살았다고 고백합니다.

"하나님께 가까이함이 내게 복이라"(시 73:28).

한 지역 교회의 목사로서, 신학자로서, 국회의원으로서, 교수로서, 대학교 설립자로서, 네덜란드 수상으로서 그 누구보다 바쁜 일생을 살았던 그는 늘 이 말씀을 가까이했습니다. 도저히 한 사람이 감당했다고는 믿기 힘들 만큼 사역이 바빴음에도 불구하고, 늘 하나님을 가까이하는 것을 삶의 가장 우선순위에 두었던 것입니다.

오히려 그는 하나님에게 더욱 가까이 다가가고자 했기에, 자신이 많은 사역들을 능히 감당할 수 있었다고 고백합니다. 성경에는 하나님을 가까이하는 자가 누리는 복이 무엇인지 분명하게 기록되어 있습니다.

"너희 중 한 사람이 천 명을 쫓으리니 이는 너희의 하나님 여호와 그가 너희에게 말씀하신 것같이 너희를 위하여 싸우심이라"(수 23:10).

하나님은 말씀을 통해서 분명히 약속하셨습니다. 우리가 하나님을 가까이할 때, 한 사람이 천 명을 쫓아내는 용사가 될 수 있다는 것입니다. 뿐만 아니라 하나님은 용사로 부름 받은 당신의 자녀들이 더욱 강한 용사가 되기를 원하십니다. 하나님 나라를 확장하는 영적인 전쟁에서 용맹함이 없는 자는 결코 승리할 수 없기 때문입니다.

　또 한 권의 책을 출간하며 예전에 써 둔 글들을 찾아보게 되었습니다. 그러면서 저 스스로도 하나님을 얼마나 가까이하고 있는지를 생각해 보게 되었습니다. 그때 문득 깨달으며 감동받은 것이 있습니다. 그것은 내가 하나님을 가까이하기도 전에 하나님이 먼저 나를 찾아 주신다는 사실입니다. 하나님이 이 부족하고 무익한 종을 찾으신다는 사실입니다. 아무 공로 없는 내가 단지 하나님이 택하신 주님의 자녀이기 때문에 나를 찾으시고, 자기 생명을 아끼지 않고 사랑하신다는 그 말씀이 얼마나 은혜가 되고 위로가 됐는지 모릅니다.

"하나님이 나를 찾으신다!" 목회 생활을 하면서 이 말씀이 정말 은혜가 되었습니다. 그래서 성도들과 함께 나누고자 성령의 인도 하심을 구했습니다. 말씀을 깊이 묵상하면 할수록, 힘 있게 설교를 하면 할수록 내 영혼은 더욱 뜨거워졌습니다. 하나님은 어떤 이를 찾으실까, 하나님은 어떤 이를 쓰실까 하는 기대감으로 하루하루 를 살았습니다. 하나님이 나 같은 죄인을 찾고 살리시고 사랑하신 다면, 주님을 믿고 따르는 모든 이들을 찾으시지 않을까 하는 감격 이 내 가슴을 뛰게 만들었습니다. 그래서 강대상에 올라갈 때마다 시류에 휩쓸려가는 대세보다 오직 예수 그리스도의 진리를 따르는 자들에게 하나님의 강렬한 메시지가 선포되기를 기도했습니다. 그 래서 나온 설교들을 한데 정리해서 묶었습니다.

책을 정리하면서 다시 한 번 주님 앞에 겸손하게 엎드립니다. 내 힘과 지혜와 용기로는 결코 아무것도 할 수 없음을 깨닫습니다. 때 문에 하나님이 찾으시는 한 사람이 되기 위해 성령님에게 간절히 구하고, 예수님의 진리와 사랑을 행하기 위해 오늘도 무릎을 꿇습니다. 그리하여 하나님의 때와 하나님의 방법대로 한 사람을 통해 하나님의 하나님 되심을 드러내기를 기도합니다. 그렇습니다. 바로 저와 여러분이 하나님이 찾으시는 그 한 사람이 되기를 간절히 기도합니다. 하나님 나라와 의를 구하며, 하늘의 뜻이 이 땅 가운데 이뤄지는 거룩한 역사가 일어나기를 또한 소망합니다. 이 책을 읽는 모든 분들이 대세보다는 진리를 따르며, 하나님이 찾으시는 한 사람이 되기를 주님의 이름으로 축복합니다.

2017년 9월

김은호 목사

# | 목차 |

하나님을 두려워하는 것은 다른 모든 두려움을 없애 준다.
이것이 바로 그리스도인들의 용기와 담대함의 비결이다.

_ 싱클레어 B. 퍼거슨

# 01
# 여호와를 항상
# 내 앞에 모심이여!

(시 16:8-11)

---

하나님은 경외하는 사람을 찾으신다

---

2017년은 역사적으로 종교 개혁 500주년을 맞이하는 해입니다. 로마 교황을 중심으로 가톨릭이 진리에서 벗어나 부패하고 타락하자 루터와 칼뱅과 같은 개혁자들이 일어나 '성경으로 돌아가자!'를 외치며 종교 개혁을 단행했습니다. 종교 개혁을 주도했던 루터는 당시 로마가톨릭이 성 베드로 성당을 짓는 데 필요한 자금을 마련하기 위해 면죄부를 판매하자 1517년 10월 31일 면죄부 판매의 부당함을 지적하는 95개 조항의 반박문을 비텐베르크 교회의 정문에 붙임으로써 종교 개혁의 화살을 당겼습니다.

당시 종교 개혁자들이 외쳤던 다섯 가지 슬로건은,

① 오직 성경 Sola Scriptura

② 오직 그리스도 Solus Christus

③ 오직 은혜Sola Gratia

④ 오직 믿음Sola Fide

⑤ 오직 하나님께 영광Soli Deo Gloria 이었습니다.

그런데 이 다섯 가지 핵심 슬로건의 기초가 바로 '코람데오'coram Deo 였습니다. 코람데오는 라틴어로 '하나님 앞에서'라는 뜻입니다. Coram은 '앞에서'라는 뜻이고, Deo는 '하나님'God 을 의미합니다. 종교 개혁자들은 사람 앞에coram hominibus 잘 보이고, 세상 앞에coram mundo 명예롭게 잘 살기보다 힘들고 어려워도 오직 하나님 앞에서 의롭고 선한 삶을 살기를 원했습니다. 종교 개혁자 중에서도 코람데오를 가장 많이 외쳤던 사람이 바로 루터였습니다. 종교 개혁자 칼뱅 역시 코람데오를 자신의 인생의 모토로 삼고 평생을 살았습니다.

종교 개혁자들만이 아니라 하나님의 사람들 역시 한결같이 '코람데오', 곧 하나님 앞에서의 삶을 살았습니다. 신전의식을 가지고 하나님 앞에서의 자신을 의식하며 살았습니다. 우리가 잘 아는 윤동주 시인도 코람데오의 정신으로 이 세상을 살았던 사람입니다. 그래서 죽는 날까지 하늘을 우러러 한 점 부끄럼이 없는 삶을 살기를 원했던 것입니다.

# 경외 - 여호와를 항상 내 앞에 모시는 삶

다윗 역시 '코람데오'의 삶을 살았습니다.

"내가 여호와를 항상 내 앞에 모심이여"(시 16:8a).

다윗은 자신이 여호와를 항상 그 앞에 모시고 살았다고 말합니다. 하나님은 영이시므로 우리의 눈으로 볼 수 없고 손으로 만질 수도 없습니다. 그런데 보이지 않는 하나님을 눈에 보이는 것처럼 모시고 살았다고 말합니다. 무슨 말입니까? 하나님의 존재를 의식하며 하나님의 임재 속에 살았다는 것입니다. 이는 곧 하나님을 경외하며 살았다는 것입니다.

## 하나님을 내 앞에 모시며 산다는 것은?

하나님을 내 앞에 모시고 살았다는 것은 단순히 하나님의 존재를 인식하고 의식하는 정도가 아닙니다. 내 앞에 계신 하나님과 인격적인 교제를 나누었음을 뜻합니다. 끊임없이 대화를 나누고 질문을 던지고 그분 앞에 엎드려 기도하고 그분 앞에서 찬양 드리는 것을 말합니다.

사람과의 관계도 마찬가지입니다. 부모님을 모시고 산다는 것은 부모님과 함께 식사도 하고, 일상의 삶을 나누기도 하고, 때로는 결정해야 할 여러 문제들에 대해 부모님의 생각을 묻기도 하는 것입니다. 이처럼 하나님을 내 앞에 모시고 산다는 것은 주님과 식탁의 교제를 나누는 것입니다. 왜 예수님이 우리 안에 들어오셨습니까?

"볼지어다 내가 문 밖에 서서 두드리노니 누구든지 내 음성을 듣고 문을 열면 내가 그에게로 들어가 그와 더불어 먹고 그는 나와 더불어 먹으리라"(계 3:20).

우리와 더불어 먹기 위해서입니다. 성경이 기록될 당시 사람들은 아주 가까운 사람이 아니면 함께 식탁에 앉아 먹고 마시지 않았습니다. 우리 안에 찾아오신 주님이 더불어 먹겠다는 것은 친밀한 교제, 친밀한 사귐을 위해 우리 가운데 오셨음을 말합니다.

다윗은 하나님과 많은 대화를 나눴습니다. 수없이 많은 질문을 던졌습니다. 블레셋이 쳐들어오면 이 전쟁이 하나님에게 속한 것인지를 물었습니다. 언제 어떻게 나가서 싸워야 할지를 물었습니다. 다윗은 정말 묻고 또 물었습니다. 그리고 그 앞에서 하나님을 찬양했습니다.

이것이 바로 하나님을 내 앞에 모시며 사는 삶입니다. 하나님을 내 앞에 모시며 사는 것은 단순히 하나님의 존재를 인식하고 의식하며 사는 것이 아닙니다. 내 앞에 계신 하나님과 인격적인 교제를 나누며 사는 것입니다.


하나님이 내 앞에, 내 우편에 계시다는 것은?

"그가 나의 오른쪽에 계시므로 내가 흔들리지 아니하리로다"(시 16:8b).

다윗은 하나님을 내 앞에 계신, 더 나아가 내 우편에 계신 하나님으로 이야기합니다. 굳이 구분하자면 내 앞에 계신 하나님은 자상하고 친밀하신 하나님을 강조하기 위함이고, 내 우편에 계신 하나님은 연약한 하나님이 아닌 나를 보호하고 구원해 내시는 전능하신 하나님을 강조하기 위함입니다. 성경에서 우편, 곧 오른쪽은 언제나 힘과 능력을 상징합니다. 그러므로 내 앞에 계신 하나님은 나의 머리털까지 세신 바 되시며 나의 작은 신음을 들으시고 응답하시는 자상하고 친밀하신 하나님입니다. 반면에 내 우편에 계신 하나님은 어떤 상황 속에서도 나를 보호하고 구원하시는 전능하신 하나님입니다. 홍해를 가르시고, 풀무 불 속에서 구원하시고, 사자 굴과 모래 폭풍 속에서도 보호하고 구원해 내시는 하나님이 바로 우리 우편에 계신 하나님입니다.

영국 〈크리스천포스트〉지는 2016년 10월 2일, 예수님이 새로운 회심자들을 무슬림들의 공격으로부터 모래 폭풍으로 보호하셨다는 소식을 전했습니다. 보도에 의하면, 바이블포미드이스트 bibles4mideast 선교회원들이 이슬람에서 회심한 24명의 그리스도인에게 세례를 준 후 세례 받은 사람들을 포함한 50명이 버스를 타고 이동하던 중 이들을 뒤따르던 IS 대원들의 총격을 받았다고 합니다. 나중에 회심한 하룬이라는 이름의 IS 대원에 의하면, 그들은 "중동 지역의 어딘가에서 그리스도인들이 세례식을 진행할 예정이니 뒤따라가서 발견되는 모든 그리스도인들을 살해하라"는 지시를 받았다고 합니다. 도착했을 때 세례식은 이미 끝났고, 그리스도인들은 버스에 올라 교회로 돌아가던 중이었습니다.

그들은 무장한 채 총을 쏘며 그리스도인들을 뒤쫓았습니다. 그런데 갑자기 어딘가에서 모래 폭풍이 일어나 한 치 앞도 볼 수 없게 되어 차량을 멈춰 세우고는 모래 폭풍 속에서 계속해서 총격을 가했습니다. 그러던 중 모래 폭풍 사이로 불꽃같은 눈빛을 가지신 예수님이 나타나 "왜 너희는 나를 핍박하느냐?"라고 말씀하셨다고 합니다. 그러고는 그들에게 "나는 세상을 심판하려 온 것이 아니라 구원하려 왔다"면서 "평안히 가라"고 말씀하신 후 모래 폭풍 속으로 사라지셨습니다. 모래 폭풍 속에서 하나님을 만난 16명의 IS 대원들은 예수님을 영접했고 자신들의 삶을 예수님에게 드렸습니다. 하지만 그럼에도 불구하고 2명의 IS 대원들은 끝까지 예수님을 영접하기를 거부했다고 합니다.

우리 앞에 계신 하나님은 자상하고 친밀하신 하나님입니다. 우리 우편에 계신 하나님은 모래 폭풍 속에서도 보호하고 구원하시는 전능하신 하나님입니다.


여호와를 항상 그 앞에 모시고 살았던 다윗

"내가 여호와를 항상 내 앞에 모심이여"(시 16:8a).

다윗은 "여호와를 항상 내 앞에" 모시고 살았다고 말합니다. 베들레헴에서 목동으로 양 떼를 칠 때에도 하나님을 그 앞에 모시고 살았습니다. 그랬기에 사자와 곰이 나타나서 어린 양을 물어 가면 따라가 그 입에서 새끼를 건져 내고, 어린 소년이었음에도 물맷돌을 가지고 골리앗을 향해 나아갈 수 있었습니다. 이는 앞에 계신 하나님이 골리앗보다 더 커 보였기 때문입니다.

다윗은 자신을 죽이려는 사울 왕 때문에 지명 수배자가 되어 쫓기는 삶을 살 때에도 언제나 하나님을 그 앞에 모시고 살았습니다. 그래서 때로는 토굴 속에서, 때로는 광야에서 밤이슬을 맞으면서도 하나님을 노래했습니다. 그 주옥같은 노래들이 바로 시편에 기록되어 있습니다. 그는 수많은 전쟁을 치를 때에도 앞에 계신 하나님에게 끊임없이 물었습니다.

우리 또한 다윗처럼 주님을 항상 내 앞에 모시고 살아야 합니다. 그분을 경외하며 살아야 합니다. 그런데 힘들고 어려울 때는 주님을 모시고 살다가도 먹고살 만하면, 문제가 해결되면, 삶이 풍성해지면 하나님을 등지고 살아갑니다. 하나님을 의식하지 않고 살아갑니다. 하루를 시작하는 순간부터 잠자리에 들기까지 항상 하나님을 내 앞에 모시고 살아야 합니다. 하나님을 의식하고 하나님과 대화를 나누며 살아야 합니다.

### 누가 하나님을 그 앞에 모시고 사는가?

그러면 누가 하나님을 모시며 살 수 있습니까? 모든 사람이 하나님을 모시며 살 수 있는 것은 아닙니다. 하나님과 관계를 맺은 사람만이 하나님을 그 앞에 모시며 살 수 있습니다. 그래서 다윗은 여호와 하나님을 "나의 주님"으로 고백합니다.

"내가 여호와께 아뢰되 주는 나의 주님이시오니 주밖에는 나의 복이 없다 하였나이다"(시 16:2).

이는 주님이 내 인생의 주관자, 내 인생의 주권자이시라는 고백입니다. 다시 말하면, '인간의 생사화복을 주관하시는 분이 하나님'

이라는 고백입니다. 하나님을 그 앞에 모시고 인격적인 교제를 나눌 수 있는 사람은 하나님을 자신의 주인으로 고백할 수 있는 사람입니다. 예수를 믿음으로 하나님을 자기 인생의 주권자로 고백할 수 있는 사람이 하나님을 그 앞에 모시고 살 수 있습니다.

## 여호와를 그 앞에 모시고 사는 자가 누리는 축복

### 흔들리지 않는 삶

"내가 여호와를 항상 내 앞에 모심이여 그가 나의 오른쪽에 계시므로 내가 흔들리지 아니하리로다"(시 16:8).

다윗이 언제 이 시를 썼습니까? 다윗은 1절을 "하나님이여 나를 지켜 주소서"라는 말로 시작합니다.

"하나님이여 나를 지켜 주소서 내가 주께 피하나이다"(시 16:1).

다윗은 자신을 죽이려는 자들에게 쫓기는 삶을 살았습니다. 성경 학자들은 다윗이 사울 왕에게 쫓겨 다닐 때 이 시를 썼다고 합니다.

다윗은 평범한 한 개인이 아닌 절대 권력을 가진 왕에게 쫓김을 당했습니다. 사울 왕은 다윗 한 사람을 잡아 죽이기 위해 3천 명이나 되는 군대를 동원해서 전국을 샅샅이 뒤졌습니다. 다윗은 홀로 숨어 지내는 것이 아니라 원통함을 가진 자, 빚진 자와 같은 400-600명 정도 되는 사회적 약자들을 데리고 다니면서 숨어 지내야만 했습니다. 그래서 어디를 가든 숨어 있는 위치가 금세 노출될 수밖에 없었습니다. 그런데다가 사람들은 자신들이 살기 위해 다윗의 일행이 나타나면 곧바로 왕에게 "다윗이 이곳에 숨어 있다"고 신고했습니다. 이처럼 다윗은 언제 잡혀 죽을지 모르는 삶을 살았습니다. 내일을 기약할 수가 없었습니다. 그러니 하루하루가 얼마나 두려웠겠습니까.

다윗은 누구보다도 파란만장한 인생을 산 사람입니다. 격동의 세월을 산 사람입니다. 소년 시절 다윗은 아버지로부터 별다른 인정을 받지 못했습니다. 사무엘 선지자가 자신의 집에 방문했을 때 다른 형들은 다 초대를 받았지만 다윗은 그 자리에 초대받지 못했습니다. 그래서 들판에 남아 홀로 양 떼를 돌봐야 했습니다. 그는 또한 10년이 넘는 세월 동안 사울 왕에게 쫓기는 삶을 살아야 했습니다. 왕이 되고 난 후에도 수없이 많은 전쟁을 치르며 사선을 넘나들어야 했습니다.

한때는 우리아의 아내 밧세바를 취하며 살인죄와 간음죄를 지었습니다. 그리고 그 죄로 인해 밧세바와의 사이에 얻은 아들이 병들어 죽어야만 했습니다. 또 다윗은 아들 압살롬에 의해 배신을 당하기도 했습니다. 압살롬의 반란으로 인해 신발도 신지 못한 채 울면서 예루살렘을 떠날 때 시므이라는 사람은 돌을 던지면서 다윗을 저주했습니다.

이렇게 파란만장한 삶을 살면서 많은 배신과 저주를 당했지만 다윗은 고백합니다.

"내가 흔들리지 아니하리로다"(시 16:8b).

시편 62편을 보면 다윗은 사람들이 자신을 죽이려고 공격하고 거짓을 말하고 저주하지만 "나의 영혼이 잠잠히 하나님만 바람이여"라고 말합니다. 그리고 이어서 이렇게 고백합니다.

"오직 그만이 나의 반석이시요 나의 구원이시요 나의 요새이시니 내가 크게 흔들리지 아니하리로다"(시 62:2).

내 앞에 계신 하나님을 바라보기에 흔들리지 않겠다는 것입니다. 그는 시편 3편 6절에서도 이렇게 고백합니다.

"천만인이 나를 에워싸 진 친다 하여도 나는 두려워하지 아니하리이다."

다윗은 흔들리지 않는 삶을 살았습니다. 왜냐하면 문제를 보지 않고, 자신이 처한 상황과 환경을 보지 않고 앞에 계신 주님을 보았기 때문입니다. 아니, 앞에 계신 주님을 모시고 살았기 때문입니다.

우리는 다윗처럼 흔들리지 않는 인생을 살기 원합니다. 요동치지 않는 인생을 살기 원합니다. 하지만 풍랑이 없는 인생은 없습니다. 하나님의 사람은 풍랑이 없기에 흔들리지 않는 인생을 사는 것이 아니라, 풍랑과 폭풍 가운데서도 흔들리지 않는 인생을 사는 사람입니다.

바울을 보십시오. 그가 죄수의 신분으로 로마로 향할 때 바울을 포함해서 276명의 사람을 태우고 로마로 향하던 배가 유라굴로라는 광풍을 만났습니다. 여러 날 동안 해와 달이 보이지 않았습니다. 그들은 배에 있는 것들을 다 버렸습니다. 오랫동안 먹지 못했고 구원의 여망이 사라져 모든 사람들이 두려움 가운데 죽음의 순간만을 기다리고 있었습니다. 그런데 오직 한 사람, 죄수의 신분으로 끌려가던 바울은 두려워하지 않았습니다. 왜냐하면 "두려워하지 말라 네가 가이사 앞에 서야 하겠고 또 너와 함께 항해하는 자를 다 네게 주셨다"(행 27:24)는 하나님이 보내신 사자의 음성을 들었기 때문입니다.

다른 사람들은 먹구름과 성난 파도만을 보았습니다. 하지만 바울은 폭풍 속에서도 함께하시는 하나님을 보았습니다. 다른 사람들은 파도와 바람 소리만 들었습니다. 하지만 바울은 "두려워하지 말라"는 하나님의 음성을 들었습니다.

베드로도 보십시오. 바로 자기 앞에서 풍랑을 밟고 서 계신 주님을 보았을 때는 두려워하지 않고 물 위로 뛰어내려 주님에게로 나아갈 수 있었습니다. 그런데 앞에 계신 주님이 아닌 파도를 일으키는 바람을 보았을 때 베드로는 물속에 빠지고 말았습니다.

"바람을 보고 무서워 빠져 가는지라 소리 질러 이르되 주여 나를 구원하소서 하니"(마 14:30).

하나님은 우리가 폭풍 속에서도 흔들리지 않는 인생을 살기를 원하십니다. 문제와 사람이 아닌 우리 앞에 계신 하나님을 바라보십시오. 우리의 영혼이 폭풍 속에서도 앞에 계신 주님을 바라볼 수 있다면 그리고 그 주님의 음성을 들을 수 있다면 거친 파도가 우리를 향해 와도 주님과 함께 날아오르게 될 것입니다.

## 마음이 기쁘고 영도 즐거워함

"이러므로 나의 마음이 기쁘고 나의 영도 즐거워하며"(시 16:9a).

여호와를 그 앞에 모시고 사는 자가 누리는 두 번째 축복은, 마음이 기쁘고 영도 즐거워한다는 것입니다. 왜 하나님을 내 인생의 목전에 모시고 살면 나의 마음이 기쁘고 나의 영도 즐거워하는 것일까요? 그것은 '주의 앞에는 충만한 기쁨이 있고 주의 오른쪽에는 영원한 즐거움이 있기 때문'입니다.

"주께서 생명의 길을 내게 보이시리니 주의 앞에는 충만한 기쁨이 있고 주의 오른쪽에는 영원한 즐거움이 있나이다"(시 16:11).

주님을 앞에 모시고 그 주님과 교제하면 주의 앞에 있는 충만한 기쁨과 주의 오른쪽에 있는 영원한 즐거움이 내게 흘러올 수밖에 없습니다. 그래서 주님은 이 땅을 떠나시기 전 사람들이 "내 기쁨을 충만히 가지게" 해 달라고 기도하셨습니다. 주님은 우리가 주님을 우리 앞에 모심으로써 주의 앞에 있는 충만한 기쁨과 주의 오른쪽에 있는 영원한 즐거움을 누리며 살기를 원하십니다.

## 육체가 안전히 살게 됨

"내 육체도 안전히 살리니"(시 16:9b).

하나님을 그 앞에 모시고 사는 자는 육체도 안전히 살게 된다고 말씀합니다. 육체가 안전히 살게 된다는 것은 하나님이 나의 피난처가 되어 주신다는 말입니다. 하나님이 인생의 피난처가 되심을 가장 많이 경험한 사람이 바로 다윗입니다. 힘들고 어려워 '이제 죽었다, 이제 끝났다'라고 생각되는 많은 순간마다 하나님은 피할 길을 열어 주셨습니다. 그래서 다윗은 무려 19번이나 "여호와는 나의 피난처"라고 고백했습니다.

흔들리지 않는 삶을 살기 위해서는, 폭풍 속에서도 흔들리지 않는 인생을 살기 위해서는, 어떤 상황 속에서도 내 마음이 기쁘고 내 영이 즐거운 삶을 살기 위해서는 그리고 하나님이 내 인생의 피난처가 되시는 삶을 살기 위해서는 여호와를 항상 그 앞에 모시고 살아야 합니다. 하나님의 존재를 인식하고 의식하는 정도가 아니라 그분을 내 앞에 모시고 그분과 인격적인 교제를 나누며 살아야 합니다. 하나님은 이렇게 다윗처럼 경외하는 자를 찾으십니다.

✦ 하나님을 경외하는 사람은?

1. 여호와를 그 앞에 모심으로 흔들리지 않는 삶을 사는 사람입니다.
2. 여호와를 그 앞에 모심으로 마음이 기쁘고 영도 즐거워하는 사람입니다.
3. 여호와를 그 앞에 모심으로 육체가 안전히 살게 되는 사람입니다.

진리는 등급도 없고 그림자도 없다.
절반의 진리는 완전한 거짓이며,
하얀 거짓말도 사실은 검을 뿐이다.
_ 존 맥아더

# 02
# 대세보다
# 진리를 선택하라

(출 32:2-4)

---

하나님은 진리를 구하는 사람을 찾으신다

---

## 은혜를 배신한 자들

430년 동안 애굽에서 종살이하던 이스라엘 백성들이 전적인 하나님의 은혜로 해방되어 애굽을 떠나게 되었습니다. 그들은 죽음의 위기에서 홍해를 건너는 기적을 경험했습니다. 뿐만 아니라 물도 없고 농사도 지을 수 없는 광야에서 매일매일 하나님이 공급해 주시는 만나와 메추라기를 먹으며 살았습니다. 반석에서 솟아나는 생수도 마셨습니다. 낮에는 구름 기둥, 밤에는 불기둥의 인도를 받으며 여기까지 왔습니다. 하나님은 매일매일 눈에 보이는 기적을 통해 그들을 먹이셨고 보호하셨고 인도하셨습니다.

그들은 또한 시내 산에 강림하신 하나님의 영광을 보며 하나님은 그들의 하나님이 되고 그들은 하나님의 백성이 되는 언약을 맺었습니다. 그런데 이런 특별한 하나님의 은혜, 이런 놀라운 기적을 경험한 이스라엘 백성이 모세가 산 위에 오른지 40일이 지나도 내려오지 않자 자신들을 위해서 금송아지를 만들게 하고 '이는 우리를 애굽에서 인도해 낸 신'이라며 숭배했습니다. 그들은 모세가 산에서 내려오지 않음에 대한 조급함과 이기심 그리고 미래에 대한 불확실성과 두려움 때문에 하나님의 은혜를 배신하고 금송아지를 만들어 숭배했던 것입니다.

## 금으로 만든 송아지

아론과 이스라엘 백성들은 어떻게 금송아지 우상을 만들었습니까?
"아론이 그들에게 이르되 너희의 아내와 자녀의 귀에서 금 고리를 빼어 내게로 가져오라"(출 32:2).
아론이 백성들에게 "너희의 아내와 자녀의 귀에서 금 고리를 빼어 내게로 가져오라"고 말하자 놀랍게도 "모든 백성이 그 귀에서 금 고리를 빼어" 아론에게로 가져왔습니다.
"모든 백성이 그 귀에서 금 고리를 빼어 아론에게로 가져가매"(출 32:3).
아론은 백성들이 가져온 금 고리를 받아 부은 후에 녹여서 조각칼로 다듬어 금송아지를 만들었습니다.
"아론이 그들의 손에서 금 고리를 받아 부어서 조각칼로 새겨 송아지 형상을 만드니"(출 32:4a).

그리고 이렇게 말했습니다.

"이스라엘아 이는 너희를 애굽 땅에서 인도하여 낸 너희의 신이
로다"(출 32:4b).

이렇게 말한 사람이 누구입니까? 아론입니다. 아론은 모세의 형
으로서, 모세와 함께 자기 백성의 구원을 위해 하나님으로부터 보
냄을 받은 자입니다. 하나님이 자기 백성을 구출해 내기 위해 행하
신 그 놀라운 기적들을 친히 눈으로 보고 경험한 사람입니다. 그런
그가 금송아지를 만들어 놓고 "이는 너희를 애굽 땅에서 인도하여
낸 너희의 신이로다"라고 말하고 있습니다.


## 하나님의 은혜로 취한 금

그러면 이스라엘 백성들은 이 많은 금을 어떻게 해서 갖게 되었
을까요? 결론부터 말하자면, 애굽에서 나올 때 하나님의 은혜로 그
많은 금을 취하게 되었습니다. 모세는 이스라엘 백성들에게 애굽
에서 해방되어 나오게 될 때 "애굽 사람들의 물품을 취하리라"고
했습니다.

"은 패물과 금 패물과 의복을 구하여 너희의 자녀를 꾸미라 너희
는 애굽 사람들의 물품을 취하리라"(출 3:22b).

모세의 말대로 이스라엘 백성들은 애굽에서 나올 때 애굽 사람

에게 은금과 패물과 의복을 구했습니다. 그러자 그들이 구하는 대로 주었습니다.

"여호와께서 애굽 사람들에게 이스라엘 백성에게 은혜를 입히게 하사 그들이 구하는 대로 주게 하시므로 그들이 애굽 사람의 물품을 취하였더라"(출 12:36).

약탈한 것이 아닙니다. 구걸해서 얻은 것도 아닙니다. 애굽 사람들이 스스로 내주었습니다. 그들은 애굽을 떠나는 이스라엘 백성들이 구하는 대로 다 주었습니다. 이스라엘 백성들이 은과 금으로 만들어진 눈에 보이는 값비싼 패물, 그릇과 기구들 그리고 여러 의복들을 당당히 요구하자 거절하지 않고 내주었습니다.

생각해 보십시오. 누가 자신이 가지고 있는 은금 패물과 의복을 구하는 대로 주겠습니까. 그것을 마련하기 위해 얼마나 많은 대가를 지불하고 수고를 했는데, 더구나 초태생의 죽음으로 인해 장례를 치르느라 슬픔에 잠겨 있는데 누가 그 비싼 패물과 의복을 그냥 내준단 말입니까. 그런데 그들은 이스라엘 백성들이 구하는 대로 다 내주었습니다.

왜 그랬을까요? 이들이 떠나지 않고 남아 있으면 더 큰 재앙이 올 수 있다고 생각했기 때문입니다. 이렇게 해서 이스라엘 백성들은 많은 물품을 가지고 애굽을 떠날 수 있었습니다. 그런데 성경은 이 것을 이스라엘 백성들에게 베푸신 하나님의 은혜라고 말씀합니다.

"여호와께서 애굽 사람들에게 이스라엘 백성에게 은혜를 입히게 하사 그들이 구하는 대로 주게 하시므로"(출 12:36a).

하나님은 400년 전에 이런 일이 일어날 것을 일찍이 아브라함에게 말씀하셨습니다.

"네 자손이 이방에서 객이 되어 그들을 섬기겠고 그들은 사백 년 동안 네 자손을 괴롭히리니 그들이 섬기는 나라를 내가 징벌할지며 그 후에 네 자손이 큰 재물을 이끌고 나오리라"(창 15:13b-14).

아브라함에게 하신 이 예언의 말씀대로 이스라엘 백성들은 애굽에서 430년 동안 종살이를 했습니다. 그리고 이 말씀처럼 애굽에서 큰 재물을 가지고 나오게 되었습니다. 애굽을 떠나는 이스라엘 백성들이 이렇게 많은 은금과 의복을 취할 수 있었던 것은 오직 하나님의 은혜였습니다.


## 은혜로 주신 재물로 우상을 만들다

그런데 그들은 하나님이 은혜로 주신 재물을 우상 숭배하는 일에 사용했습니다. 이런 모습은 북 왕국 이스라엘의 시대에도 있었습니다. 그래서 호세아 선지자는 하나님이 은혜로 주신 것들을 우상 숭배하고 섬기는 데 사용했다며 북 이스라엘 백성들을 책망했습니다.

"곡식과 새 포도주와 기름은 내가 그에게 준 것이요 그들이 바알을 위하여 쓴 은과 금도 내가 그에게 더하여 준 것이거늘 그가 알지 못하도다"(호 2:8).

하나님이 비와 이슬을 내려 곡식과 새 포도주를 얻게 하시고 은과 금도 주셨는데, 그들은 그것이 자신의 것인 양 바알의 우상을 만들고 꾸미는 데 사용했습니다. 그런데 다윗은 이 모든 것이 내 것이 아니라 하나님이 은혜로 주신 것임을 알았습니다. 그는 성전 건축을 위해서 예물을 드릴 때 이렇게 고백했습니다.

"모든 것이 주께로 말미암았사오니 우리가 주의 손에서 받은 것으로 주께 드렸을 뿐이니이다"(대상 29:14b).

"성전을 건축하려고 미리 저축한 이 모든 물건이 다 주의 손에서 왔사오니 다 주의 것이니이다"(대상 29:16b).

다윗은 내 것이 아닌 주님이 주신 것으로 드렸다고 고백합니다. 우리는 많은 경우 내가 수고하고 노력해서 얻었기에 나의 것이라고 생각합니다. 나의 것이기에 내 마음대로 할 수 있다고 생각합니다. 그러나 우리의 물질은 엄밀한 의미에서 우리의 것이 아닙니다. 이 땅에 사는 동안 하나님이 우리에게 잠깐 맡기신 것입니다. 우리는 청지기입니다. 청지기란 관리자라는 뜻입니다.

수중에 재물이 있다면 움켜쥐지 말고 흘려보내십시오. 나보다 힘들고 어려운 사람을 돕는 일에, 의미 있고 보람된 일에 물질과 시간을 사용하십시오. 하나님 나라를 확장하는 일에 사용하십시오. 물질은 얻을 때보다 사용할 때가 더 중요합니다. 하나님이 은혜로 주신 재물을 우상을 숭배하는 일에 사용하지 마십시오. 정욕을 채우는 일에 사용하지 마십시오. 도박과 같은 악한 일 그리고 당신의 몸을 해치는 일에 사용하지 마십시오.

## 사실보다 관점이 더 중요하다

잠시 민수기 13장을 살펴보도록 하겠습니다. 하나님은 가나안 정복에 앞서 12명의 정탐꾼들을 가나안 땅에 보내 그 땅을 정탐하도록 했습니다. 40일 동안 가나안 땅을 정탐하고 돌아와 12명의 정탐꾼들이 모세와 아론과 이스라엘 자손의 모든 회중 앞에서 보고하는 장면은 너무도 유명합니다.

정탐꾼들의 보고는 사실이었습니다. 젖과 꿀이 흐르는 땅이었고, 그 땅의 거주민들은 크고 강한 자들이었으며, 그 성읍은 견고했습니다. 문제는 그것을 바라보는 관점이 너무나 달랐다는데 있습니다.

10명의 정탐꾼들은 자신의 관점에서만 바라보았습니다. 현실의 눈으로만 바라보았습니다. 그들이 너무 커 보였고, 성읍 또한 너무 견고하게 보였습니다. 그들은 "우리는 그 백성을 치지 못하리라"(민 13:31), "우리는 그들 보기에 메뚜기와 같다"(민 13:33)고 말했습니다. 그러나 여호수아와 갈렙은 그들과 바라보는 관점이 달랐습니다. 하나님의 눈으로, 믿음의 눈으로 바라보았습니다. 그래서 "우리가 곧 올라가서 그 땅을 취하자 능히 이기리라"(민 13:30)고 외쳤고 하나님이 우리와 함께 하시므로 "그들은 우리의 먹이라"(민 14:9)고 외쳤습니다. 여호수아와 갈렙은 사실을 사실대로만 보지 않았습니다. 사실을 하나님의 약속의 말씀과 믿음의 눈으로 바라보았습니다.

정탐꾼들의 평가와 반응이 우리에게 주는 교훈은 무엇일까요? 실패가 당연하다는 패배의식을 버리라는 것입니다. 10명의 정탐꾼들은 이미 패배를 당연한 것으로 받아들이고 있었습니다. 도전도 해보지 않고, 한 번 싸워보지도 않고, "우리는 약하고 저들은 강하기 때문에 패배할 것"(민 13:31)이라고 미리 단정했습니다. 패배를, 그 땅에 들어가지 못하는 것을 당연한 것으로 받아들였습니다. 그러나 우리의 눈에는 당연한 것처럼 보여도 하나님께서 보실 때는 그렇지 않는 것이 많습니다. 우리의 형편과 처지를 당연한 것으로 받아들이지 마십시오. 그런 사람에게는 어떤 기적도 일어나지 않습니다.

또 하나의 교훈은 메뚜기와 같다는 열등감을 버리라는 것입니다. "거기서 네피림 후손인 아낙 자손의 거인들을 보았나니 우리는 스스로 보기에도 메뚜기 같으니 그들이 보기에도 그와 같았을 것이니라"(민 13:33).

열 명의 정탐꾼들은 스스로를 아낙 자손과 비교하여 '메뚜기와 같다'라고 말했습니다. 메뚜기는 작고 독도 없습니다. 아이들도 쉽게 잡을 수 있을 만큼 약한 존재입니다. 한 마디로 그들은 지독한 열등감에 사로잡혀 있었던 것입니다.

그렇다면 과연 이스라엘 백성들이 메뚜기와 같은 사람들이었습니까? 아닙니다. 수많은 민족들 중에 하나님으로부터 택함을 입은 백성들이었습니다. 하나님께서 애굽에 10가지 재앙을 내리시고 구원하여 낸 백성입니다. 직접 홍해를 가르시고 육지처럼 건너게 하신 백성입니다. 하나님께서 광야 40년 동안 하늘에서 만나와 메추라기를 내려 먹이시고 낮에는 구름 기둥, 밤에는 불기둥으로 인도하신 백성입니다. 하나님께서 "이스라엘이여 너는 행복한 사람이로다 여호와의 구원을 너같이 얻은 백성이 누구냐"(신 33:29)라고 말씀하신 백성입니다. 그런데 정작 이스라엘 백성들은 "우리는 메뚜기 같다"라며 스스로 비하하고 열등감에 사로잡혀 울부짖고 있는 것입니다.

그러나 분명한 것은 우리가 예수를 믿음으로 하나님의 자녀가 되었다면, 그래서 주님이 내 안에 내가 주님 안에 거하고 있다면 당신은 결코 메뚜기가 아닙니다. 당신은 하나님의 자녀입니다. 당신은 행복한 사람입니다. 예수를 믿음으로 죄 사함을 받고 구원을 받았기 때문입니다. 당신은 보배롭고 존귀한 자입니다. 당신 안에 보배이신 예수 그리스도가 계시기 때문입니다. 당신은 하나님의 기쁨입니다. 하나님이 당신으로 인하여 기쁨을 이기지 못하시기 때문입니다. 당신은 가장 강한 자입니다. 전능하신 하나님이 당신과 함께 하시기 때문입니다.

그러므로 당신은 결코 메뚜기가 아닙니다. 이제 당신의 생각 속에 세상은 커 보이고 하나님은 보이지 않고, 문제는 커 보이고 나는 한 없이 작아 보이는 메뚜기 자화상을 버리십시오. 메뚜기 자화상을 가진 사람의 생각에는 하나님께서 역사하실 공간이 없습니다.

인생을 살다보면 원치 않는 일을 당하게 될 때가 많습니다. 이해되지 않는 일들 또한 많이 일어납니다. 실패할 수도 있고, 시험에 넘어질 수도 있습니다. 또 불의의 질병과 사고로 장애를 입을 수도 있습니다. 사실은 사실로 받아들여야 합니다. 왜곡시켜서는 안 됩니다.

그러나 중요한 것은 사실 자체보다 그것을 대하는 태도입니다. 그것을 바라보는 관점이 더 중요합니다. 하나님의 관점에서 바라볼 수 있어야 합니다. 믿음의 눈으로 바라볼 수 있어야 합니다. 믿음으로 산다는 것이 무엇입니까? 약속의 말씀을 붙잡고 하나님의 눈으로 바라보는 것입니다.

그런데 사탄은 연약한 내 모습, 내게 없는 것만을 보게 합니다. 문제만을, 상황만을 보게 합니다. 풍랑만을 보게 합니다. 그 풍랑 앞에서 발을 딛고 계시는 주님을 보지 못하게 합니다. 왜 물위를 거닐던 베드로가 물속으로 빠져 들었습니까? 주님을 보지 못하고 파도를 보았기 때문입니다.

우리는 믿음의 주요 온전케 하신 예수를 바라보아야 합니다. 그래야 하나님이 행하시는 일을 볼 수 있습니다. 현실을 바라보고 염려한다고 해서 현실이 바뀌어 지지 않습니다. 아무리 어려운 문제를 만나도 하나님의 관점에서 바라보면 깨달음이 주어집니다. 지금 중요한 것은 오늘 당신의 삶에 무슨 일이 일어났느냐가 아닙니다. 내가 무슨 능력을 가지고 있느냐도 아닙니다. 더 중요한 것은 어떤 관점으로 그 사실을 바라보느냐 입니다.


진리보다는 대세를 따르다


마지막으로 아론의 실패에 대해 생각해 봅시다. 아론은 진리가 아닌 대세를 따랐습니다. 산 위에 오른 모세가 더디 내려오자 백성들은 불안하고 두려운 마음에 아론에게 몰려들어 이렇게 요구했습니다.

"일어나라 우리를 위하여 우리를 인도할 신을 만들라"(출 32:1b).

여기서 '일어나라', '만들라'는 동사는 명령형입니다. 집단으로 몰려든 백성들은 다수의 힘으로 아론에게 앉아만 있지 말고 일어나서 우리를 위해 우리를 인도할 신을 만들라고 명령했습니다. 그렇지 않으면 돌이라도 맞을 것 같은 분위기입니다. 아론은 그 분위기를 거스를 수가 없었습니다. 그래서 백성들로 하여금 금 고리를 가져오게 해서 금송아지 형상을 만들고는 "이는 너희를 애굽 땅에서 인도하여 낸 너희의 신"이라고 했습니다. 나중에 산에서 내려온 모세가 책임을 추궁하자 아론은 백성들의 악함 때문이었다고 핑계를 댔습니다.

"아론이 이르되 내 주여 노하지 마소서 이 백성의 악함을 당신이 아나이다"(출 32:22).

백성들의 악함 때문에 어쩔 수 없이 금송아지 우상을 만들어 숭배했다는 것입니다. 아니, 이 백성들이 악하기 때문에 그들의 요구를 거절할 수 없었다는 것입니다. 아론은 진리를 따르기보다 대세를 따랐습니다. 분위기를 따랐습니다. 아론은 하나님의 뜻을 구하지 않고 다수의 의견을 따랐습니다. 금송아지를 만들어 섬기는 것이 하나님의 계명을 어기는 것임을 알면서도 대세를 따른 것입니다.

다수의 의견이, 다수의 외침이 꼭 맞는 것은 아닙니다. 다수의 의견이 진리를 거스르고, 하나님의 창조 질서를 파괴하고 깨뜨릴 때도 있습니다. 그런 면에서 볼 때 다수의 원칙을 따르는 민주주의의 원리가 꼭 성경적인 것만은 아닙니다. 신앙생활은 다수의 원칙을 따라 행하는 것이 아닙니다. 대세를 따르는 것이 아닙니다. 진리를 따라 행하는 것입니다. 하나님이 기뻐하시는 일을 따라 행하는 것입니다.

출애굽 한 이스라엘 백성들을 보십시오. 그들은 힘들고 어려운 일을 만날 때마다 애굽으로 돌아가자고 했습니다. 만일 그때 모세가 대세를 따라 애굽으로 돌아갔다면 어떻게 되었을까요? 아론이 실패한 것은 진리를 따르기보다 다수의 세력을 따랐기 때문입니다.

오늘날 너무나 많은 하나님의 사람들이 무엇이 진리인지, 무엇이 하나님을 기쁘시게 하는 것인지를 생각하지 않고 다수를 따릅니다. 대세를 따릅니다. 시대의 분위기를 따릅니다. 동성애 문제만 해도 그렇습니다. 많은 사람들이 동성애는 타고난 성적 지향이라며 동성애를 옹호하고 미화하고 조장합니다. 심지어 지난 대선 때 대통령 후보들 중에도 동성애를 옹호하는 이들이 있었습니다. 많은 언론과 시민 단체는 동성애를 옹호하는 사람들을 지성적인 사람, 따뜻한 마음을 가진 열린 사람이라고 생각하는 반면 동성애를 반대하는 사람들을 무식한 사람, 시대에 역행하는 사람으로 생각합니다. 하지만 동성애는 성적 지향, 성적 취향의 문제가 아닙니다. 이것은 창조의 질서를 깨뜨리는 무서운 죄입니다. 세상의 많은 사람들이 우리를 시대에 뒤떨어진 사람이라고 비난하고 조롱한다 할지라도 동성애는 죄라고 말할 수 있어야 합니다. 차별금지법이 만들어져 불이익을 받는다 할지라도 죄를 죄라고 말할 수 있어야 합니다.

1,700년 전 아타나시우스는 "온 세상이 나를 반대한다면 나도 온 세상을 반대하리라"며 이단과 맞서 싸웠습니다. 이 용기가 우리에게 필요합니다. 그런데 안타깝게도 오늘날 많은 그리스도인들은 진리가 아닌 다수를 따르고 대세를 따라 살아갑니다. 시류에 영합한 삶을 살아갑니다. 그것은 넓은 문으로 들어가 넓은 길을 걷는 것입니다. 우리는 좁은 문으로 들어가 좁은 길을 걷는 하나님의 사람입니다. 넓은 문은 크고 그 길이 넓어 그리로 들어가는 자가 많고 좁은 문은 좁고 그 길이 협착해서 찾는 이가 적다고 했습니다. 우리는 어떤 불이익을 당한다 할지라도 대세를 따라 행하지 않고 진리를 따라 행하며 살아야 합니다.


✦ 진리를 구하는 사람은?

1. 조급해 하지 않고 하나님의 때를 기다리는 사람입니다.
2. 하나님이 주신 것을 감사함으로 받아 하나님을 위해 사용하는 사람입니다.
3. 다수의 의견이 아닌 하나님의 뜻을 구하고 그 뜻대로 행하는 사람입니다.

가장 경계해야 할 위험은
하나님 대신 다른 매혹적인 것을 취하고자 하는 욕망이다.
_ 유진 피터슨

# 03
## 금송아지인가,
## 하나님인가?
(출 32:5-6)

하나님은 우상을 멀리하는 사람을 찾으신다

계속해서 아론의 실패에 대해 생각해 봅시다. 종교 개혁 500주년을 맞는 뜻 깊은 해에 아론의 실패를 반면교사로 삼아 우리 삶에 진정한 개혁을 이루어야 합니다.

산 위에 오른 모세가 더디 내려오자 불안하고 두려웠던 백성들은 아론에게 몰려가 이렇게 요구했습니다.

"일어나라 우리를 위하여 우리를 인도할 신을 만들라"(출 32:1b).

백성들은 아론에게 자신들을 인도할 신을 만들 것을 요구했습니다. 요구를 들어주지 않으면 돌이라도 맞을 것 같은 분위기를 거스를 수가 없었습니다. 그래서 백성들로 하여금 금 고리를 가져오게 해서 금송아지 형상을 만들고는 "이는 너희를 애굽 땅에서 인도하여 낸 너희의 신"이라고 했습니다. 나중에 산에서 내려온 모세가 책임을 추궁하자 아론은 백성들의 악함 때문이었다고 핑계를 댔습니다.

"아론이 이르되 내 주여 노하지 마소서 이 백성의 악함을 당신이 아나이다"(출 32:22).

아론은 진리가 아닌 대세와 분위기를 따랐습니다. 이는 하나님의 뜻을 구하지 않고 다수의 의견을 따랐다는 것입니다. 신앙생활은 다수의 원칙, 대세를 따르는 것이 아니라 진리, 곧 하나님이 기뻐하시는 일을 행하는 것입니다. 이것이 좁은 문, 좁은 길로 걸어가는 삶입니다.

## 혼합주의를 선택하다

아론의 또 다른 실패는 그가 혼합주의를 선택했다는 것입니다. 마침내 이스라엘 백성들의 요구대로 금송아지 우상이 만들어졌습니다. 그러자 아론이 보고는 그 앞에 제단을 쌓았습니다.

"아론이 보고 그 앞에 제단을 쌓고"(출 32:5a).

제단을 쌓았다는 것은 제사 드릴 준비를 했다는 것입니다. 다시 말하면, 이 금송아지를 자신들을 애굽 땅에서 인도해 낸 신으로 섬기려고 준비했다는 것입니다. 그때 금송아지를 바라보는 아론의 마음이 어땠을까요? 아름답다거나 근사하다고 생각했을까요? 우리가 사용하는 개역개정 성경에는 "아론이 보고"라고 되어 있지만 수리아 역본에 보면 "아론이 두려워하여"로 번역되어 있습니다.

아론은 두려웠습니다. 불과 40일 전에 하나님으로부터 "나 외에는 다른 신들을 네게 두지 말라 너를 위하여 … 어떤 형상도 만들지 말며"(출 20:3-4)라는 계명을 받았는데 백성들이 그 계명을 어기고 금송아지 우상을 만들어 숭배하려 하고 있으니 마음이 얼마나 두려웠겠습니까. 하지만 백성들의 악함을 알기에 어쩔 수 없이 금송아지 우상을 만들고 그 앞에 제단을 쌓은 것입니다. 그러고는 "내일은 여호와의 절일이라"고 공포했습니다.

"이에 아론이 공포하여 이르되 내일은 여호와의 절일이니라 하니"(출 32:5b).

'절일'이란 성일, 종교적으로 기쁜 날이거나 시기를 말합니다. 그러므로 "여호와의 절일"이란 '여호와를 위한 축제의 날'이라는 것입니다. 하나님을 섬기는 제사장인 아론이 금송아지 우상을 만들어 놓고 그 제단 앞에서 '내일 하나님을 위한 축제를 벌이겠노라'고 공포를 한 것입니다.

북 왕국 여로보암도 벧엘과 단에 금송아지를 만들어 놓고 자기 마음대로 절기를 정해 제사를 드렸습니다.

"그가 자기 마음대로 정한 달 곧 여덟째 달 열다섯째 날로 이스라엘 자손을 위하여 절기로 정하고"(왕상 12:33a).

한 해의 추수를 기념하는 장막절은 7월 15일입니다. 이것은 정해진 날짜임에도 불구하고 여로보암은 한 달 후인 8월 15일로 정해서 지키도록 했습니다. 여로보암은 모든 것을 자기 마음에 맞게 정했습니다.

신앙생활은 자기 마음대로, 자기 기분 내키는 대로 하는 것이 아닙니다. 하나님이 말씀하신 대로 하는 것입니다. 우리는 하나님이 말씀하신 대로 예배해야 합니다. 그런데 제사장인 아론은 자기 마음대로 여호와의 절일을 정하고 공포했습니다. 그리고 다음 날 아침 이스라엘 백성들은 일찍이 일어나 번제를 드리고 화목제를 드렸습니다.

"이튿날에 그들이 일찍이 일어나 번제를 드리며 화목제를 드리고 백성이 앉아서 먹고 마시며 일어나서 뛰놀더라"(출 32:6).

번제란 제물을 불에 태워 그 향기로 하나님을 기쁘시게 해 드리는 제사로 하나님과의 바른 관계를 회복하고 하나님에게 헌신과 충성을 다짐할 때 드립니다. 화목제는 구속해 주신 하나님의 은총에 감사할 때 드립니다. 아론은 지금 금송아지 우상 앞에 제단을 만들고 그 단 위에서 하나님에게만 드릴 수 있는 번제와 화목제를 드린 것입니다. 하나님 보시기에 얼마나 가증한 일입니까?


일찍이 일어나다


아론이 여호와의 절일로 공포한 바로 그날 이스라엘 백성들은 아침 일찍이 일어나 번제를 드리며 화목제를 드렸습니다.

"이튿날에 그들이 일찍이 일어나 번제를 드리며 화목제를 드리고 백성이 앉아서 먹고 마시며 일어나서 뛰놀더라"(출 32:6).

이것을 보면 이스라엘 백성들이 우상을 섬기는 일에 얼마나 열심을 내었는지를 알 수 있습니다. 우상 숭배하는 사람들을 보십시오. 우리와는 비교할 수 없을 정도의 열심을 가지고 있습니다. 이단들의 열심이 어느 정도인지는 상상을 초월할 정도입니다.

오래전 우리 어머님들은 이른 새벽 찬물로 목욕재계한 후 장독대 앞에 정화수 한 그릇 떠 놓고 신령님에게 두 손을 모아 자식을 위해 복을 빌었습니다. 지금도 소원의 성취를 위해 삼천 배를 하며 기도를 드리는 사람들이 있습니다. 그런데 이 절이 오체투지의 큰 절입니다. 몸의 다섯 부분, 즉 두 팔꿈치와 두 무릎과 이마가 땅에 닿도록 절을 해야 합니다. 이렇게 큰 절 한 번 하는 것도 쉽지 않은데 삼천 배를 한다면 얼마나 힘들까요.

불교에서는 수행과 기도, 참회를 목적으로 세 걸음 걷고 한 번 절하는 삼보일배를 합니다. 최근에는 정치인들도 삼보일배를 통해 속죄나 진실성을 보이는 일들이 잦아졌습니다. 무슬림들은 라마단 기간에 해 뜨는 시간부터 해 지는 시간까지 한 달 동안 의무적으로 금식을 하고 다섯 번의 기도를 드립니다. 해가 떠 있는 동안에는 음식뿐만 아니라 담배와 성관계도 금지되고 침까지도 삼키지 않는다고 합니다.

이처럼 이단과 우상 숭배자들의 열심이 대단합니다. 그런데 살아 계신 하나님을 믿고 진리를 따르는 우리는 그만큼 열심을 내지 않는 것 같습니다. 성경은 "부지런하여 게으르지 말고 열심을 품고 주를 섬기라"(롬 12:11)고 말씀하는데 우리는 그렇게 살지 않습니다. 오히려 이스라엘 백성처럼 우상을 섬기는 일에 더욱더 열심을 냅니다.


## 광란의 축제

"이튿날에 그들이 일찍이 일어나 번제를 드리며 화목제를 드리고 백성이 앉아서 먹고 마시며 일어나서 뛰놀더라"(출 32:6).

이스라엘 백성들은 자신들 앞에 제단을 쌓고 번제와 화목제를 드리고 앉아서 먹고 마시며 일어나 뛰어놀았습니다. 축제를 벌인 것입니다. 이처럼 먹고 마시며 취해서 일어나 뛰는 행위는 우상을 섬기는 제사 의식의 전형적인 모습입니다.

그런데 여기 "뛰놀더라"로 번역된 '차하크'라는 말은 일반적으로 교제나 친교를 뜻하지만 간혹 '애무하다', '즐기다'라는 의미로도 사용됩니다. 아론과 이스라엘 백성들이 금송아지 우상 앞에서 뛰놀았다는 것은 음란한 성적 추태를 보였다는 것으로 볼 수 있습니다. 더구나 애굽의 황소 우상은 남성의 힘과 생산을 의미하기 때문에 송아지 우상을 섬기는 숭배의식에서 먹고 마시며 뛰노는 것은 육체적 환락을 가진 것으로 볼 수 있습니다. 그래서 모세는 산 아래서 행해지는 우상 숭배의 모습을 보고 백성이 방자하게 행해서 원수의 조롱거리가 되었다고 했습니다.

"모세가 본즉 백성이 방자하니 이는 아론이 그들을 방자하게 하여 원수에게 조롱거리가 되게 하였음이라"(출 32:25).

"방자하니"라는 말은 '키 파루아'로서 그 원형이 '파라'인데, 이는 '풀다', '해방하다', '고삐를 풀다', '발가벗다'라는 의미를 가집니다. NIV 성경은 '통제를 벗어나 제멋대로'get out of control로, KJV 성경은 '벌거벗은'were naked으로 번역했습니다. 이러한 번역들을 보면 금송아지 숭배 시 이스라엘 백성들이 얼마나 문란하게 광란의 축제를 벌였는가를 알 수 있습니다. 이스라엘 백성들은 금송아지 앞에서 흥분해서 온통 벌거숭이가 된 상태로 광란의 축제를 벌였습니다.

## 축제의 이면에는 성적인 타락이 있다

많은 경우 축제의 이면에는 성적인 타락이 있습니다. 지구촌 곳곳에서 벌어지는 축제들을 보십시오. 브라질에서는 부활절을 50일 앞두고 카니발carnival 축제가 열립니다. 이는 중세 프랑크 왕국 이후 기독교 국가에서 사순절 기간에 강제로 행해진 금식의 고단함을 위로하기 위해 사순절에 앞서 벌였던 축제입니다. 사순절 기간 동안 금식을 해야 하니 금식하기 전에 제대로 한번 먹고 마시며 마음껏 즐겨 보자는 것입니다. 그래서 생겨난 가톨릭 국가의 축제가 바로 카니발입니다. 그런데 이 카니발 축제가 얼마나 성적으로 타락했는지 모릅니다. 브라질 보건 당국은 카니발 베이비를 막기 위해 해마다 1억 개 이상의 콘돔을 배포하고 있다고 합니다. 이것만 봐도 이 카니발 축제가 얼마나 성적으로 타락한 축제인가를 알 수 있습니다.

카니발 축제뿐 아니라 지구촌 곳곳에서 열리는 축제들의 이면에는 이같은 성적인 타락이 있습니다. 왜 가나안 땅에 들어간 이스라엘 백성들이 바알과 아세라를 섬겼습니까? 바알과 아세라를 섬기는 현장에 성적인 쾌락이 있었기 때문입니다. 지구촌 곳곳에서 열리는 동성애자들의 축제도 마찬가지입니다. 우리나라에서도 퀴어 축제가 열리는데, 참가자들은 속옷만 입고 거리를 활보하며 축제를 즐깁니다.

진리의 상아탑이라 불리는 대학교 축제도 마찬가지입니다. 언제부턴가 낭만은 사라지고 먹고 취하고 즐기는 축제로 변질되었습니다. 축제 중인 한 대학의 주점 사진을 보면 '술도 먹고 너도 먹고 일석이조'라는 글이 쓰여 있습니다. 많은 경우 축제의 이면에는 성적인 타락이 있고 그 배후에는 음란한 영이 도사리고 있습니다. 따라서 이런 축제가 열리면 영적 전쟁을 선포하고 더욱 깨어 기도해야 합니다.

# 금송아지인가, 하나님인가

지금 우리는 아론의 실패에 대해 살펴보고 있습니다. 아론은 혼합주의를 선택했습니다. 그는 대세를 못 이겨 금송아지를 만들게 한 다음 "이는 너희를 애굽 땅에서 인도하여 낸 너희 신이라"고 한 후 자기 마음대로 여호와의 절일을 정해서 공포하고 금송아지 앞에서 번제와 화목제를 드리게 했습니다. 그러자 백성들은 먹고 마시고 일어나 뛰놀며 광란의 축제를 벌였습니다. 아론은 금송아지 앞에서 하나님에게 드리는 번제와 화목제를 드렸습니다. 하나님에게 드리는 제사를 금송아지 앞에서 드렸습니다. 그렇다면 아론과 그 백성들은 금송아지를 섬긴 것일까요, 아니면 하나님을 예배한 것일까요? 이 예배의 대상은 금송아지일까요, 아니면 하나님일까요?

"그것을 예배하며 그것에게 제물을 드리며"(출 32:8b).

겉으로 보면 이스라엘 백성들은 하나님 앞에서 하나님이 정하신 절기를 지키는 것 같습니다. 하나님에게 제사를 드리는 것처럼 보입니다. 그러나 이것은 하나님이 가장 가증하게 여기시는 우상 숭배의 죄악을 범한 것입니다. 하나님은 이러한 혼합주의를 미워하십니다.

## 계속되는 혼합주의

그런데 안타깝게도 이 광경은 역사적으로도 계속되었고 지금도 계속되고 있습니다. 이스라엘의 역사를 보면 이스라엘 백성들은 한 번도 공식적으로 하나님을 부인한 적이 없습니다. 예를 들면, "지금부터 우리는 하나님을 믿지 않겠습니다"라든가 "하나님은 우리와 상관이 없습니다"라고 말한 적이 없습니다. 하지만 끊임없이 바알과 아세라와 같은 우상을 숭배했습니다. 가나안 땅에 들어가 정착한 이스라엘 백성들은 하나님을 섬기면서도 에봇과 드라빔을 섬기고, 미가의 어머니는 아들을 위해서 은으로 신상을 만들어 섬기기도 했습니다.

에스겔 8장을 보면 성령이 환상 중에 바벨론에 있던 에스겔을 예루살렘 성전으로 데려가 예루살렘 성전의 우상 숭배 장면을 보게 하십니다. 성전의 바깥뜰에는 하나님의 질투를 일으키는 우상들이 세워져 있었습니다. 성전 안뜰로 들어가자 성전 사면 벽에는 곤충과 가증한 짐승의 모습들이 그려져 있었습니다. 하나님은 땅에 있는 것의 아무 형상이든지 만들지 말라고 명하셨는데 하나님이 임재하시는 그 성전 벽에 이런 형상들을 그려 넣은 것입니다. 성전 기구를 보관하는 3층으로 된 작은 방에서는 이스라엘의 대표 장로 70명이 각 방에 한 명씩 들어가 우상에게 향을 피워서 연기를 내고 있었습니다. 에스겔 8장 14절을 보면 여인들이 바벨론의 신 담무스를 위해 통곡하는 종교 의식을 갖고 있습니다.

"여인들이 앉아 담무스를 위하여 애곡하더라"(겔 8:14b).

하나님을 섬기면서 바벨론의 신을 섬기는 것입니다. 더 충격적인 것은 약 25명의 남자들이 성전 문 앞에서 태양신에게 경배하고 있었습니다.

"약 스물다섯 명이 여호와의 성전을 등지고 낯을 동쪽으로 향하여 동쪽 태양에게 예배하더라"(겔 8:16b).

하나님이 당신의 영광을 두시고 당신의 백성을 만나시는 그 거룩한 성전을 그들은 우상 숭배하는 곳으로 만들었습니다. 그들은 그곳에서 하나님을 예배하면서 또 다른 우상을 섬겼고, 하나님의 영광은 마침내 그 성전을 떠나고 말았습니다. 그런데 이 혼합주의 신앙이 지금도 계속되고 있습니다.

1991년, 호주에서 열린 세계교회협의회 WCC 총회에서 미국 유니온신학대 교수인 한국의 정현경 교수가 민중 신학, 해방 신학을 바탕으로 초혼제를 지냈습니다. 흰색 한복 차림으로 무대에 선 정 교수는 모든 참석자들에게 신을 벗으라고 말한 뒤 종이를 태우며 "오소서 우리들의 신앙의 조상 아브라함과 사라에 의해 이용당하고 버림받은 이집트 여인 하갈의 영이여, 다윗 왕에 의해 죽임을 당한 우리아의 영이여 오소서, 나치에 죽임당한 영이여, 2차 대전 중 창녀로 끌려간 한국 여인의 영이여, 십자가의 고통으로 죽은 우리의 형제 예수의 영이여 오소서" 하며 무려 18번의 '오소서'를 통해 영들을 불러내고 위로하는 초혼제를 가졌습니다. 중요한 것은 하나님의 거룩한 성령의 강림과 이 세상에서 살다가 억울하게 죽어간 영혼들의 강림(강신술)을 동일한 영의 강림으로 보았다는 것입니다. 이것이야말로 성령의 역사와 악령의 역사를 동일시하는 종교 혼합주의인 것입니다.

어떤 목사는 성탄절 예배에 스님을 초청해서 설교를 하게 하기도 합니다. 어떤 신학자는 토착화를 이야기하면서 성찬식에서 우리나라 고유의 막걸리를 먹자는 이야기까지 했습니다. 토착화 자체가 나쁜 것은 아니지만 잘못하면 본질을 잃어버릴 수 있습니다.

우리 삶 속에도 혼합주의적인 요소들이 많습니다. 예를 들면, 성경 자체를 신격화해서 메모를 해서는 안 된다고 생각하는 것, 성경을 읽으면 잠이 잘 온다며 잠을 이루기 위해 성경을 읽는 것 그리고 사고를 예방하기 위해 성경책을 차 뒤쪽에 올려놓는 것과 같은 모습들은 일종의 신앙과 샤머니즘을 혼합해 놓은 것입니다. 또한 하나님과의 인격적인 관계보다는 오직 복을 받기 위해 100일 작정 기도를 드리는 것, 수험생인 자식을 좋은 대학에 들여보내기 위해 미역이나 계란 프라이를 먹이지 않고 손발톱도 깎지 못하게 하는 것도 신앙과 샤머니즘을 혼합해 놓은 것입니다.

하나님은 거룩하신 분입니다. 홀로 존귀와 영광을 받으시기에 합당하신 분입니다. 우리는 하나님을 하나님답게 예배하고 섬겨야 합니다. 그러기 위해서는 우리 안에 있는 금송아지를 버려야 합니다. 우리 안에 있는 금송아지는 무엇입니까? 하나님을 온전히 예배하지 못하게 하는 것입니다. 하나님을 예배하고 섬기는 일에 집중하지 못하게 하는 것입니다. 그것이 어떤 사람에게는 탐욕일 수 있습니다. 어떤 사람에게는 내 마음의 우상인 자녀일 수 있습니다. 세상의 명예와 인기일 수 있습니다. 이렇게 우리 안에 있는 혼합주의적인 요소들을 과감히 끊어 버릴 때 우리는 온전히 하나님만을 예배하며 섬길 수 있습니다.

✕ 우상을 멀리하는 사람은?

1. 우상에게 마음이 나뉘지 않도록 지켜 전심으로 하나님만을 섬기는 사람입니다.
2. 성적인 유혹에 넘어가지 않도록 하나님 앞에서 거룩을 지키는 사람입니다.
3. 자기 안에 있는 혼합주의적인 요소들을 끊고 온전히 하나님만을 예배하는 사람입니다.

우리의 감정은 자주 바뀌지만
우리를 향한 주님의 사랑은 그렇지 않다.
_ C. S. 루이스

# 04
## 진노보다 크신
## 하나님의 사랑
### (출 32:10-14)

---

하나님은 사랑하기 원하는 사람을 찾으신다

---

## 내가 그들을 진멸하리라

하나님은 금송아지를 만들어 우상을 숭배했던 이스라엘 백성들에게 진노하셨습니다. 그 진노의 내용은 무엇입니까?

"그런즉 내가 하는 대로 두라 내가 그들에게 진노하여 그들을 진멸하고 너를 큰 나라가 되게 하리라"(출 32:10).

하나님은 특별한 은혜를 받았음에도 불구하고 하나님과 맺은 언약을 어기고 금송아지를 만들어 숭배한 이스라엘 백성들을 진멸하시겠다고 말씀하셨습니다. 진멸하시겠다는 것은 하나도 남겨 두지 않고 흔적도 없이 쓸어버리시겠다는 것입니다. 하나님이 얼마나 화가 나셨으면 이렇게까지 말씀하셨겠습니까?

## 너를 큰 나라가 되게 하리라

하나님이 이스라엘 백성들을 향해서 진노하시며 그들을 진멸하시겠다고 말씀하셨을 때 모세는 어떻게 반응했습니까? 모세는 이 백성들의 죄를 사해 달라고 기도했습니다. 여기서 중요한 것은 모세가 하나님의 제안을 거절하고 기도의 무릎을 꿇었다는 사실입니다. 그러면 하나님이 이 백성을 진멸하시겠다고 말씀하시면서 모세에게 새롭게 제안하신 내용은 무엇입니까?

"너를 큰 나라가 되게 하리라"(출 32:10b).

이 말씀은 모세를 조상으로 세워 새로운 언약의 자손을 만드시겠다는 것입니다. 생각해 보십시오. 한 민족의 조상이 된다는 것이 얼마나 큰 축복이고 영광입니까. 우리는 아브라함을 믿음의 조상이라고 이야기합니다. 그만큼 한 민족의 조상이 된다는 것은 개인의 영광일 뿐 아니라 가문의 영광이기도 합니다. 더구나 눈엣가시와 같은 백성들이 사라진다는 것이 얼마나 기분 좋은 일입니까. 특별한 은혜를 받았음에도 끊임없이 하나님을 시험하고 불평하고 원망하며 심지어 자신을 돌로 쳐 죽이려고 했던 악한 백성들이 사라진다는 것이 얼마나 유쾌 상쾌 통쾌한 일입니까.

그런데 모세는 이런 하나님의 제안을 받아들이지 않았습니다. 그들이 불평하고 하나님을 시험하고 자신을 돌로 쳐 죽이려고 했음에도 불구하고 모세는 자기 민족을 사랑했습니다. 그래서 "너를 큰 나라가 되게 하리라"는 제안을 거절하고 기도의 무릎을 꿇고 자기 백성들이 지은 죄를 사해 달라며 그의 하나님 여호와에게 중보기도를 드렸습니다.


## 모세의 중보기도


"모세가 그의 하나님 여호와께 구하여 이르되"(출 32:11a).

그렇다면 모세는 그의 하나님 여호와에게 어떤 기도를 드렸을까요?

### 하나님의 명예를 구하는 기도

"어찌하여 애굽 사람들이 이르기를 여호와가 자기의 백성을 산에서 죽이고 지면에서 진멸하려는 악한 의도로 인도해 내었다고 말하게 하시려 하나이까 주의 맹렬한 노를 그치시고 뜻을 돌이키사 주의 백성에게 이 화를 내리지 마옵소서"(출 32:12).

모세는 하나님에게 "주의 맹렬한 노를 그치시고 뜻을 돌이키사 주의 백성에게 이 화를 내리지 마옵소서"라고 기도합니다. 그러면서 만일 하나님이 이 백성을 산에서 죽이고 땅에서 진멸하시면 애굽 사람들이 "여호와가 자기의 백성을 산에서 죽이고 지면에서 진멸하려는 악한 의도로 (애굽에서) 인도해 내었다"고 생각할 것이라고 호소합니다. 하나님이 자신의 백성을 이곳에서 진멸하시면 애굽 사람들이 하나님을 어떻게 생각하겠냐는 것입니다. 하나님에게는 저들이 언약을 어기고 우상 숭배를 했기 때문에 그들에게 진노하시고 그들을 진멸하시는 것이 합당하겠지만 하나님을 모르는 애굽 사람들은 '하나님이 저들을 이곳에서 죽이시려는 악한 의도로 애굽에서 이끌어내셨구나'라고 생각할 것이라는 것입니다. 그렇게 되면 하나님의 이름이 이방인들 가운데서 모독을 받게 되고 하나님의 영광이 가려진다는 것입니다. 그렇기 때문에 이 백성을 향한 노를 그치시고 뜻을 돌이키사 주의 백성에게 이 화를 내리지 말아 달라는 것입니다. 분명 이스라엘 백성들의 잘못이지만 이 일로 인해 거룩하신 하나님의 이름이 모욕당하게 될 것이므로 당신의 거룩하신 이름과 명예를 위해 이 백성에게 화를 내리지 말아 달라는 것입니다.

모세는 이번만 이런 기도를 드린 것이 아닙니다. 민수기 14장을 보면 이스라엘 백성들이 열 명의 정탐꾼들의 보고를 받고 차라리 우리가 애굽 땅에서 죽었거나 이 광야에서 죽었으면 좋았을 것이라며 모세와 하나님을 원망했습니다. 그러자 하나님은 모세에게 "내가 전염병으로 그들을 쳐서 멸하고 네게 그들보다 크고 강한 나라를 이루게 하리라"(민 14:12)고 말씀하셨습니다. 그때도 모세는 엎드려 기도했습니다.

"이제 주께서 이 백성을 하나같이 죽이시면 주의 명성을 들은 여러 나라가 말하여 이르기를 여호와가 이 백성에게 주기로 맹세한 땅에 인도할 능력이 없었으므로 광야에서 죽였다 하리이다"(민 14:15-16).

만일 하나님이 자신의 백성들을 죽이시면 주의 명성을 들은 여러 나라들이 여호와가 이 백성에게 주기로 맹세한 땅에 인도할 능력이 없기 때문에 광야에서 죽였다고 생각할 것이라는 것입니다. 하나님을 모르는 이방 사람들은 이들이 죄를 지었기 때문에 죽은 것이 아니라 하나님의 무능함 때문에 죽었다고 생각할 것이라는 것입니다.

모세는 백성들의 죽느냐 사느냐의 문제보다 하나님의 이름이 모독을 받고 조롱당하고 멸시당하는 것을 먼저 생각했습니다. 누구보다도 하나님의 영광이 가려지는 것을 마음 아파했습니다. 아니, 거룩하신 하나님의 이름이 업신여김을 당하고 그 명예가 손상당하는 것을 두고 볼 수가 없었습니다. 그래서 모세는 기도할 때마다 먼저 하나님의 거룩하신 이름을 생각하고 하나님의 영광을 구했습니다.

모세의 소원은 자기가 잘되는 것이 아니었습니다. 죄를 지은 자기 동족에게 분노해서 분풀이를 하는 것도 아니었습니다. 모세의 소원은 하나님 아버지의 이름이 거룩히 여김을 받는 것이었습니다. 예수님도 우리에게 이렇게 기도하라고 가르쳐 주셨습니다.

"하늘에 계신 우리 아버지여 이름이 거룩히 여김을 받으시오며"(마 6:9b).

아무리 기도할 것들이 많고 긴급한 기도의 내용이 있어도 가장 먼저 기도해야할 것은 하나님 아버지의 이름이 거룩히 여김을 받으시도록 기도해야 한다는 것입니다.

하나님의 이름이 거룩히 여김을 받으신다는 것은 무엇일까요? 우리가 어떻게 살면 하나님의 이름이 거룩히 여김을 받으시게 될까요? 우리는 많은 경우 성공하고 출세하면 하나님의 이름이 거룩히 여김을 받으시는 것으로 생각합니다. 아닙니다. 하나님은 우리가 하나님을 사랑하고 하나님의 말씀에 순종해서 살아갈 때 거룩히 여김을 받으십니다.

우리는 어떻습니까? 하나님의 거룩하신 이름이 나로 인해서, 나의 공동체로 인해서, 나의 가족으로 인해서 실추되고 모독을 받아도 눈 하나 깜짝하지 않습니다. "당신 같은 사람 때문에 오늘 내가 예수를 믿지 않는다"는 말을 들어도 마음 아파하거나 괴로워하지 않습니다. 하나님이 나의 아빠 아버지가 되신다면, 내가 하나님의 자녀라면 우리는 무엇을 하든지 가장 먼저 하나님의 거룩하신 이름을 생각해야 합니다. 아무리 많은 이권이 걸려 있고 그것이 내게 부와 명예를 가져다준다 할지라도 그 일이 하나님의 영광을 가리고 하나님의 명예를 떨어뜨리는 일이라면 우리는 그것을 내려놓아야 합니다.

때로는 억울한 일을 당하고 자존심이 상해도 하나님의 이름이 모독을 받지 않도록 하기 위해 바보처럼 살아야 합니다. 전도를 하다 보면 너무나 많은 사람들이 "예수 믿는 사람들 꼴 보기 싫어서 믿지 않는다"고 말합니다. 예수가 싫어서 믿지 않는 사람보다는 예수 믿는 사람이 꼴 보기 싫어서 믿지 않는다는 사람이 훨씬 많습니다. 왜 그럴까요? 하나님의 사람인 우리가 하나님의 영광을 위해 산다고 말하면서도 어떤 손해도 보려 하지 않고 자신의 욕심을 채우기 위해 신앙생활을 하고 있기 때문입니다.

모세는 하나님이 백성들을 진멸하겠다고 하셨을 때 가장 먼저 애굽 사람들이 하나님을 어떻게 생각할지를 염려했습니다. 그래서 하나님의 명예에 호소하며 간절히 기도했습니다. 우리도 기도할 때 하나님의 명예를 소중하게 생각하며 하나님의 영광을 위해서 기도해야 합니다.

언약에 호소하는 기도

모세는 언약에 호소하는 기도를 드렸습니다.

"주의 종 아브라함과 이삭과 이스라엘을 기억하소서"(출 32:13a).

모세는 기도할 때 자신들의 조상인 아브라함과 이삭과 이스라엘과 맺은 언약을 기억해 달라고 했습니다. "주의 종 아브라함과 이삭과 이스라엘을 기억"해 달라는 말은 그들과 맺은 언약을 기억해 달라는 것입니다. 모세는 지금 하나님이 일찍이 아브라함과 이삭과 이스라엘과 맺으신 언약을 상기시킴으로써 이스라엘의 멸망만큼은 거두어 달라고 간구하는 것입니다. 그렇다면 하나님이 그들과 맺으신 언약은 무엇일까요?

"주께서 그들을 위하여 주를 가리켜 맹세하여 이르시기를 내가 너희의 자손을 하늘의 별처럼 많게 하고 내가 허락한 이 온 땅을 너희의 자손에게 주어 영원한 기업이 되게 하리라 하셨나이다"(출 32:13b).

하나님이 그들과 맺으신 언약의 내용은 그들의 자손을 하늘의 별처럼 많게 하시고 하나님이 허락하신 온 땅을 그들의 자손에게 주어 영원한 기업이 되게 하시겠다는 것입니다. 모세는 지금 하나님이 조상들에게 하신 약속을 기억하셔서 이 백성을 진멸하지 말

것을 간구하고 있는 것입니다.

모세는 중보의 기도를 드릴 때 그냥 열정으로만 하지 않았습니다. 감성에 호소하지도 않았습니다. 하나님의 약속의 말씀에 근거해서 기도했습니다. 성경을 보면 야곱 역시 자기 형 에서가 400인의 군사를 거느리고 온다는 소식을 들었을 때 언약의 말씀에 근거해서 기도를 드렸습니다.

"내 조부 아브라함의 하나님, 내 아버지 이삭의 하나님 여호와여 주께서 전에 내게 명하시기를 네 고향, 네 족속에게로 돌아가라 내가 네게 은혜를 베풀리라 하셨나이다"(창 32:9).

야곱은 아버지를 속이고 장자권의 축복을 받아 낸 다음 형이 자신을 죽이려고 하자 도망을 갔습니다. 도망을 가다 벧엘에서 하나님을 만났습니다. 하나님은 야곱에게 "나는 … 너의 조부 아브라함의 하나님이요 이삭의 하나님이라"(창 28:13) 말씀하시면서 몇 가지를 약속하셨습니다.

"내가 너와 함께 있어 네가 어디로 가든지 너를 지키며 너를 이끌어 이 땅으로 돌아오게 할지라 내가 네게 허락한 것을 다 이루기까지 너를 떠나지 아니하리라"(창 28:15).

야곱은 이 약속의 말씀을 붙들고 기도한 것입니다. 벧엘에서 약속하신 말씀대로 내 고향, 내 족속에게로 돌아가려 하니 은혜를 베풀어 달라고 기도한 것입니다. 야곱은 하나님의 약속의 말씀에 근거해서 기도했습니다.

우리 또한 기도할 때 할 수만 있으면 말씀을 붙들고 기도해야 합니다. 두려움이 임하면 "두려워하지 말라 내가 너와 함께함이라 놀라지 말라 나는 네 하나님이 됨이라 내가 너를 굳세게 하리라 참으로 너를 도와주리라 참으로 나의 의로운 오른손으로 너를 붙들리라"(사 41:10)는 말씀을 붙들고 기도해야 합니다. 모든 일에 자신감이 떨어지고 부정적인 생각이 밀려올 때면 "할 수 있거든이 무슨 말이냐 믿는 자에게는 능히 하지 못할 일이 없느니라"(막 9:23)는 말씀을 붙들고 기도해야 합니다. 염려가 너무 많아 기도가 되지 않을 때는 "너희 염려를 다 주께 맡기라 이는 그가 너희를 돌보심이라"(벧전 5:7)는 말씀을 붙들고 기도해야 합니다.

질병으로 인한 고통 중에 있을 때는 "우리의 연약한 것을 친히 담당하시고 병을 짊어지셨도다"(마 8:17), "그가 채찍에 맞으므로 우리는 나음을 받았도다"(사 53:5b)는 말씀을, 마귀와 영적 전쟁을 치를 때는 "내가 너희에게 뱀과 전갈을 밟으며 원수의 모든 능력을 제어할 권능을 주었으니 너희를 해칠 자가 결코 없으리라"(눅 10:19)는 말씀을, 물질적으로 어려움을 당하고 있다면 "나의 하나님이 그리스도 예수 안에서 영광 가운데 그 풍성한 대로 너희 모든 쓸 것을 채우시리라"(빌 4:19)는 말씀을 붙들고 기도해야 합니다.

우리는 기도할 때 하나님의 약속의 말씀을 붙들고 기도해야 합니다. 약속을 지키시는 하나님의 신실하심에 호소하며 기도해야 합니다. 그래야 우리의 정욕을 따르는 기도가 아닌 하나님의 뜻에 합당한 기도를 드릴 수 있기 때문입니다.

가장 강력한 기도는 하나님의 언약의 말씀을 붙들고 그 언약에 호소해서 기도하는 것입니다. 모세가 바로 그렇게 기도했습니다.


## 뜻을 돌이키시는 하나님

하나님은 모세의 간절한 중보기도를 들으시고 그 뜻을 돌이키셨습니다. 그리고 말씀하신 화(진멸)를 이스라엘 백성에게 내리지 않으셨습니다.

"여호와께서 뜻을 돌이키사 말씀하신 화를 그 백성에게 내리지 아니하시니라"(출 32:14).

모세의 중보기도가 백성들을 진멸코자 하신 하나님의 뜻을 돌이키게 했습니다.

성경에는 하나님이 중보기도를 들으시고 그 뜻을 돌이키신 사례가 많이 등장합니다. 앞에서 살펴본 것처럼, 민수기 14장을 보면 열 명의 정탐꾼들의 부정적인 보고를 받은 이스라엘 백성들이 차라리 우리가 애굽에서 죽었거나 이 광야에서 죽었으면 좋았을 것이라며 하나님을 원망하고 악평합니다. 하나님은 그들이 지은 죄로 인해 진노하시고 그들을 진멸하기로 작정하셨지만 모세의 중보기도를 들으시고 그 뜻을 돌이키셨습니다. 그래서 그들의 죄를 사하시고 그들을 진멸하지 않으셨습니다.

"여호와께서 이르시되 내가 네 말대로 사하노라"(민 14:20).

우리는 여기서 놀라운 사실을 깨닫게 됩니다. 그것은 죄를 향한 하나님의 진노보다 죄인을 향한 하나님의 사랑이 더 크다는 사실입니다. 그랬기에 하나님은 모세의 중보기도를 들으시고 그 백성들의 죄를 사하시고 그들을 진멸하지 않으셨습니다.

우리는 이것을 이스라엘의 역사 속에 있었던 단순한 한 사건으로만 보아서는 안 됩니다. 성경은 우리의 구원을 위해서 주신 구원 계시이므로 구속사적 관점으로 이 사건을 보아야 합니다. 구속사적으로 보면 이스라엘의 범죄는 우리의 죄를 상징하며, 하나님이 그 죄에 대해서 진노하시고 진멸을 선포하신 것은 우리의 죄에 대한 하나님의 진노하심과 하나님의 심판을 말합니다. 그리고 종 되었던 애굽에서 이스라엘을 구원해 낸 모세는 우리의 구원자로 오실 예수 그리스도를 말하고, 모세의 중보기도는 예수님의 중보기도를 말합니다.

우리 모든 인간은 죄인입니다. 죄인 된 우리는 마땅히 하나님의 진노와 심판을 받아야 합니다. 심판은 무엇입니까? 죽음입니다. 죄의 값은 사망이기에 우리는 죽어야 하고 둘째 사망인 지옥에 던짐을 받아야 합니다. 그런데 하나님은 독생자 예수 그리스도를 이 세상에 보내 주셨고 우리의 죄를 담당하사 십자가에 달려 죽게 하셨습니다. 하나님 아버지는 우리의 죄를 대신 짊어지시고 십자가에 달리신 자기 아들 예수 그리스도에게 진노를 쏟으셨고, 예수님은 십자가에 달려 죽으심으로 우리의 죗값을 완벽히 지불하셨습니다. 이로 인해 예수를 믿는 우리가 죄 사함을 얻게 되었고, 본질상 하나님의 진노의 자녀였던 우리가 하나님의 자녀가 되었습니다.

이것을 보면 죄를 향한 하나님의 진노보다 죄인을 향한 하나님의 사랑이 더욱 크고, 죄를 향한 하나님의 심판보다 죄인을 향한 하나님의 용서가 더욱 크다는 것을 알 수 있습니다. 그래서 예수님도 서기관과 바리새인들이 현장에서 간음하다 잡힌 여인을 끌고 왔을 때 "너희 중에 죄 없는 자가 먼저 돌로 치라"(요 8:7b) 말씀하셨고, "나도 너를 정죄하지 아니하노니 가서 다시는 죄를 범하지 말라"(요 8:11b)고 말씀하셨습니다.

인생을 살면서 넘어졌습니까? 사람들이 당신의 죄를 알면 얼굴을 들고 다닐 수 없을 정도로 넘어졌습니까? 그래서 끊임없이 사탄의 참소를 받으며 살고 있습니까? 당신의 자녀가 넘어졌습니까? 당신의 남편이 넘어졌습니까? 아니, 그 일로 인해 하나님의 진노가 시작되었습니까? 그럴지라도 다시 십자가를 붙들고 주님 앞으로 나아오십시오. 진정으로 당신의 죄를 고백하며 회개하십시오. 아니, 모세처럼 하나님의 명예를 구하며 약속의 말씀을 붙들고 은혜의 보좌 앞으로 나아가십시오. 하나님이 당신의 회개와 중보기도를 들으시고 뜻을 돌이키실 것입니다.

니느웨 백성들을 보십시오. 요나 선지자의 회개의 메시지를 듣고 백성들이 금식하며 회개하자 그 뜻을 돌이키셔서 니느웨를 멸망시키지 않으셨습니다. 죄를 향한 진노보다 죄인을 향한 사랑이 더욱 크시기에 하나님은 당신의 자존심이 상하시더라도 그들의 죄를 사하시고 당신의 뜻을 돌이키십니다.

이 사실을 아는 자는 인생을 포기하지 않습니다. 이 사실을 아는 자는 거룩한 두 손을 들고 부르짖어 기도할 수밖에 없습니다. 죄를 향한 하나님의 진노보다 죄인을 향한 하나님의 사랑이 훨씬 크다는 것. 이것이 우리의 소망입니다.

✖ 사랑하기 원하는 사람은?

1. 하나님의 명예를 소중히 여기는 사람입니다.
2. 하나님의 약속의 말씀을 의지해서 간구하는 사람입니다.
3. 죄를 향한 하나님의 진노보다 죄인을 향한 하나님의 사랑이 훨씬 크다는 것을 아는 사람입니다.

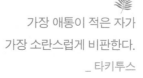

가장 애통이 적은 자가
가장 소란스럽게 비판한다.
_ 타키투스

# 05
# 주여! 내가
# 슬프도소이다

(출 32:30-31)

하나님은 애통해하는 사람을 찾으신다

## 너무나 다른 두 사람

저에게는 아들과 딸 남매가 있습니다. 그런데 두 아이가 달라도 너무 다릅니다. 외모도 다르고, 식성도 다르고, 성격도 다르고, 문제를 해결하는 방식도 다르고, 잠버릇도 역시 다릅니다. 분명히 저와 제 아내 사이에서 태어났는데, 아니 한 배에서 나왔는데 달라도 너무나 다릅니다. 이는 다른 가정도 마찬가지인 것 같습니다.

성경에 보면 한 형제임에도 불구하고 너무나 다른, 너무나 대조적인 사람이 있습니다. 바로 모세와 아론입니다. 모세와 아론은 형제입니다. 아론이 형이고 모세가 동생입니다. 두 사람 모두 이스라엘 백성을 애굽에서 이끌어 내기 위해 하나님으로부터 보내심을 받은 지도자였습니다.

두 사람은 하나님이 행하시는 기적의 현장에 언제나 함께 있었습니다. 하나님이 애굽에 열 가지 재앙을 내리시고, 홍해를 가르시고, 반석에서 물이 솟아나며 하늘에서 만나와 메추라기를 내려 먹이시는 기적을 행하실 때 그 기적의 현장에 두 사람 모두 함께 있었습니다. 하지만 두 사람은 너무나 달랐습니다.

모세는 하나님을 "그 큰 권능과 강한 손으로 애굽 땅에서 인도하여 내신 주"(출 32:11b)로 고백했지만, 아론은 금송아지를 만들어 놓고 이스라엘 백성들에게 "이는 너희를 애굽 땅에서 인도하여 낸 너희의 신"(출 32:4b)이라고 했습니다. 모세는 이스라엘 백성들이 범죄했을 때 여호와의 명예와 조상들에게 하신 언약의 말씀을 붙들고 '주의 맹렬한 노를 그치시고 그 뜻을 돌이키사 이 백성들에게 화를 내리지 말아 달라'며 중보하며 기도했습니다. 하지만 아론은 금송아지를 만들어 이스라엘 백성들로 하여금 큰 죄를 짓게 만들었습니다. 모세는 하나님의 이름과 명예를 거룩하고 소중하게 생각했지만 아론은 백성들로 하여금 방자하게 행해서 원수의 조롱거리가 되게 한 것입니다.

모세는 끝까지 죄에 대해서 분노하며 그 죄를 척결하는 일에 전심전력을 다했습니다. 그래서 금송아지를 불살라 부수어 가루로 만든 다음 물에 뿌려 백성들로 하여금 마시게 했습니다. 아니, 하나님 편에 선 레위인들로 하여금 우상 숭배에 적극 가담한 3천 명을 쳐 죽이도록 했습니다. 하지만 아론은 백성들의 악함과 요구 때문이라며 자신의 죄를 백성들에게 전가시키고 끝까지 변명으로 일관했습니다. 한 형제요 함께한 지도자였지만 두 사람은 너무나 달랐습니다.

하나님은 모세와 대조적인 삶을 살며 받은 은혜를 잊고 금송아지를 만들어 백성들로 큰 죄를 짓게 만든 아론을 멸하려 하셨습니다.

"여호와께서 또 아론에게 진노하사 그를 멸하려 하셨으므로 내가 그때에도 아론을 위하여 기도하고"(신 9:20).

그러나 모세는 하나님이 자신의 형인 아론을 멸하려 하셨을 때에도 그를 위해서 기도했습니다. 그 기도를 들으시고 하나님은 아론을 살려 주셨습니다. 아론은 모세의 중보기도로 인해서 죽지 않고 살게 되었고, 대제사장의 직분도 유지할 수 있었습니다.


## 자식은 아버지의 뒷모습을 보고 자란다

하지만 아론은 후에 나답과 아비후 두 자녀를 잃어야만 했습니다. 왜 아론의 두 아들이 죽었습니까?

"아론의 아들 나답과 아비후가 각기 향로를 가져다가 여호와께서 명령하시지 아니하신 다른 불을 담아 여호와 앞에 분향하였더니 불이 여호와 앞에서 나와 그들을 삼키매 그들이 여호와 앞에서 죽은지라"(레 10:1-2).

아론의 두 아들 나답과 아비후는 여호와가 명령하지 않으신 다른 불을 담아 분향하다가 불이 여호와 앞에서 나와 두 사람을 삼키

므로 죽었습니다. 이들은 왜 다른 불을 드렸을까요? 그것은 아버지
로부터 영향을 받았기 때문입니다.

아버지인 아론은 우상 숭배의 죄를 심각하게 받아들이지 않았습
니다. 금송아지를 만들어 놓고 '너희를 애굽에서 인도해 낸 신'이
라 했습니다. 자기 마음대로 '내일은 여호와의 절일'이라며 공포했
습니다. 그러고는 금송아지 앞에서 하나님에게만 드릴 수 있는 번
제와 화목제를 드렸습니다. 혼합주의 예배를 드렸습니다. 아론은
이렇게 하나님의 말씀을 버리고 자기 마음대로 행했습니다.

그런데 아론의 두 아들이 아버지에게서 종교 혼합주의를 배웠습
니다. 자기 마음대로 신앙생활하는 것을 배웠습니다. 그래서 여호
와가 명하지 않으신 다른 불을 드리다가 불에 타 죽고 만 것입니다.
이것을 보면 두 아들의 비참한 죽음이 아버지 아론 때문이라고 해
도 과언은 아닙니다. 이처럼 자식은 부모의 뒷모습을 보고 자랍니
다. 그래서 《아버지 당신은 카피되고 있습니다》(켄 캔필드, 디모데 역간)
라는 책도 나왔지 않습니까?

어느 조그만 자연 학습 농장에서 유치원 선생님이 꼬마들을 데
리고 자연 공부를 하고 있었습니다. 선생님이 물었습니다. "고구마
는 언제 캐지요?" 그러자 아이들이 대답합니다. "가을에 서리 올 때
요." 선생님이 또 물으셨습니다. "그러면 고추는 언제 따지요?" 아
이들이 또 대답합니다. "빨갛게 물들었을 때요." 선생님이 또 질문
을 했습니다. "그럼 땅콩은 언제 캘까요?" 그러자 꼬마들이 아무도
대답을 몰라서 조용해졌습니다. 이때 한 꼬마가 큰 소리로 대답했

습니다. "주인이 없을 때요!" 그 아이의 아버지는 그만 절도 행위로 감옥에 있었다고 합니다.

자식들은 부모를 통해 배우며 자라기에 부모는 자녀들 앞에서 절대 부부 싸움을 하지 말아야 합니다. 싸우는 것을 보면 부모에 대한 존경심이 사라지고, 무의식중에 폭력에 익숙해지며, 가정에 대한 혐오감이 생겨 급기야는 가출의 원인이 되기도 합니다.

또 자녀들 앞에서 욕설, 불평, 불만을 말하지 말아야 합니다. 직장 상사나 이웃, 친구에 대한 욕설과 불평은 자녀에게까지 공동의 적개심을 갖게 합니다. 특별히 교회와 목사에 대한 부정적인 말을 하지 말아야 합니다. 그것은 자녀들로 하여금 교회에 대해 부정적인 생각을 갖게 해서 결국엔 교회를 떠나게 만들기 때문입니다.

뿐만 아니라 부모는 자녀들 앞에서 너무 '돈, 돈' 하지 말아야 합니다. 이러한 소리가 머리에 박힌 자녀는 밖에 나가서 돈이 되는 일이라면 무슨 일이라도 저지를 수 있다는 무서운 마음을 갖기 쉽습니다. 또 부모는 자녀들 앞에서 극단적인 말을 해서는 안 됩니다. "나가 버려", "죽어 버려", "자식이 원수야", "너 죽고 나 죽자" 등의 극단적인 말은 자녀들의 심성을 극도로 악화시키는 것입니다.

부모는 가난해도 정직하고 진실하게 사는 모습을 자녀에게 보여 줄 수 있어야 합니다. 많이 배우지 못했어도 당당하게 살아가는 모습을 보여 줄 수 있어야 합니다. 새벽 기도와 공적인 예배를 드림으로 예배가 우리 인생의 최우선임을 보여 줄 수 있어야 합니다. 온전한 십일조를 드림으로 탐욕의 지배를 받지 않고 사는 것이 무엇인지 그리고 돈이 내 인생의 주인이 아니라 하나님이 내 인생의 주인 이심을 보여 줄 수 있어야 합니다.

부모의 역할은 보여 주는 것입니다. 어떻게 사는 것이 하나님을 경외하는 삶인가를 보여 주고, 가정 예배를 드림으로 가정이 얼마나 소중한지, 사탄의 공격으로부터 가정을 지키는 것이 얼마나 중요한지를 보여 주어야 합니다. 문제가 생겼을 때도 온 가족이 합심해서 기도함으로 하나님의 일하심을 볼 수 있도록 해야 합니다.

한 선생님이 아이들에게 다음과 같은 문제를 냈습니다. "술에 취해 거리에서 큰 소리를 지르거나 노래를 부르는 것을 뜻하는 사자성어는 무엇일까요? 'ㅇㅇㅇ가'의 ㅇ에 맞는 글자를 적으세요." 정답은 물론 '고성방가'지요. 아이들이 적어 낸 답은 '고음불가', '이럴수가', '미친건가', '인간인가', '웬일인가', '아빠인가'였다고 합니다. 그만큼 자식은 부모의 뒷모습을 보고 자랍니다.


## 기도의 사람 모세


이스라엘 백성들을 위해서 중보기도를 드린 모세는 이튿날 다시 여호와가 임재해 계시는 시내 산에 올랐습니다.

"이튿날 모세가 백성에게 이르되 너희가 큰 죄를 범하였도다 내가 이제 여호와께로 올라가노니"(출 32:30a).

왜 모세는 이튿날 다시 시내 산에 올라갔습니까? 다시 중보기도를 드리기 위해서입니다.

"모세가 여호와께로 다시 나아가 여짜오되 슬프도소이다 이 백성이 자기들을 위하여 금신을 만들었사오니 큰 죄를 범하였나이다"(출 32:31).

모세가 다시 여호와에게로 나아가 여쭈었다는 것은 다시 기도의 무릎을 꿇었음을 말합니다. 이를 보면 모세는 분명히 기도의 사람이었습니다. 기도의 사람은 끊임없이 하나님에게 여쭙니다. 다윗이 그랬던 것처럼 모세 또한 하나님에게 묻고 또 물었습니다.

성경을 보면 모세는 인생의 위기를 만날 때마다 기도의 무릎을 꿇었습니다. 백성들이 자신을 원망하며 돌로 치려 할 때에도 그들을 위해서 중보기도를 드렸습니다. 아말렉 군대와 싸울 때에도 산 위에 올라 손을 들고 기도했습니다. 그는 기도를 통해서 하나님의 뜻을 분별했고, 기도를 통해서 하나님의 진노를 멈추게 했으며, 기도를 통해서 승리를 경험했습니다.

일반 벌과는 다르게 땅속에 집을 짓고 사는 땅벌은 사실 기체역학적으로 보면 날 수가 없습니다. 몸에 비해 날개가 너무 작기 때문입니다. 어찌 보면 땅벌 입장에선 신체적인 한계 때문에 좌절할 수도 있을 것입니다. 하지만 땅벌은 1분에 130회 이상 날갯짓을 합니다. 자신의 한계를 뛰어넘는 땅벌의 위대한 도전은 하늘을 날 수 있게 만드는 비결이 됩니다. 이처럼 하나님은 믿음을 가지고 상황을 뛰어넘는 소망을 구하는 자에게 은혜를 주십니다. 모세가 바로 그런 사람이었습니다.

우리는 모세가 또다시 산에 올라 중보기도를 드리는 모습을 보면서 역시 기도의 무릎을 꿇는 사람이 다시 또 무릎 꿇는다는 사실을 깨닫게 됩니다. 그렇습니다. 기도하는 사람, 기도의 능력을 경험한 사람이 다시 기도의 무릎을 꿇는 것입니다. 조국을 위해서 기도하고, 교회를 위해서 기도하고, 지도자를 위해서 기도하는 사람이 또다시 중보기도를 드리는 것입니다.

## 슬프도소이다

다시 시내 산에 올라 기도의 무릎을 꿇은 모세는 가장 먼저 무슨 기도를 드렸습니까? 그는 가장 먼저 슬픔에 빠져 있는 자신의 감정을 하나님에게 쏟아 놓습니다.

"모세가 여호와께로 다시 나아가 여짜오되 슬프도소이다"(출 32:31).

모세는 자신의 슬픈 감정을 하나님에게 그대로 표현했습니다. 자신의 슬픔을 숨기려고 하지 않았습니다. 하나님의 사람은 기도할 때 자신의 감정을 과도하게 억제하거나 숨기려 하지 않습니다. 왜 그럴까요? 하나님이 나의 아빠, 아버지이시기 때문입니다. 뿐만 아니라 하나님과 나와의 관계가 인격적 관계이기 때문입니다. 인격에는 지식, 감정, 의지라는 세 가지 요소가 있습니다. 우리 하나님 역시 당신의 자녀인 우리에게 감정을 솔직하게 드러내십니다. '내가 너로 인해서 기쁨을 이기지 못한다', 홍수로 세상을 심판하시기 전에는 '내가 땅 위에 사람 지은 것을 한탄한다'고 말씀하셨습니다. 심지어 에스겔 5장 13절에서는 '노를 발하심으로 분이 풀려서 마음이 시원하다'고까지 말씀하십니다.

"내 노가 다한즉 그들을 향한 분이 풀려서 내 마음이 가라앉으리라"(겔 5:13a).

하나님은 인격을 가지신 분으로서 이렇게 자신의 감정을 숨기려 하지 않으시고 자녀 된 우리에게 솔직하게 드러내십니다. 그렇다면 우리 역시 우리의 감정들을 솔직하게 드러내 보일 수 있어야 합니다. 그래서 모세 역시 하나님에게 나아가 "슬프도소이다"라고 자신의 감정을 표출했던 것입니다.

## 슬픔을 표현한 사람들

성경을 보면 자신의 슬픔을 솔직하게 하나님에게 드러냈던 사람들이 있습니다.

### 예레미야

예레미야는 하나님이 자신을 태어나기 전부터 성별하셔서 선지자로 세우셨다는 말씀을 듣고 "내가 슬프도소이다"라고 반응했습니다.

"내가 이르되 슬프도소이다 주 여호와여 보소서 나는 아이라 말할 줄을 알지 못하나이다"(렘 1:6).

예레미야는 부르심의 소명을 받을 때뿐 아니라 여러 차례 자신의 슬픔을 표현했습니다. 그래서 예레미야애가를 슬픔의 노래라고 부릅니다.

### 여호수아

여호수아 역시 아간의 범죄로 인해 아이 성 전투에서 패배했을 때 이렇게 반응했습니다.

"이르되 슬프도소이다 주 여호와여 어찌하여 이 백성을 인도하여 요단을 건너게 하시고 우리를 아모리 사람의 손에 넘겨 멸망시키려 하셨나이까 우리가 요단 저쪽을 만족하게 여겨 거주하였더면 좋을 뻔하였나이다"(수 7:7).

여호수아는 이렇게 전쟁에서의 패배 앞에서 '우리의 패배를 보고 가나안의 사람들이 어떻게 생각하겠느냐'며 자신의 마음이 슬프다고 말했습니다.

### 한나

한나는 결혼했지만 아이를 낳지 못했습니다. 그러자 남편은 브닌나라는 여인을 또 다른 아내로 맞아 자녀를 낳았습니다. 그 고통과 괴로움이 얼마나 컸겠습니까. 괴로운 마음을 안고 하나님의 전에 나아가 통곡하며 눈물로 기도할 때 간절한 기도를 술 취함으로 생각했던 엘리 제사장이 "네가 언제까지 취하여 있겠느냐 포도주를 끊으라"고 하자 한나가 이렇게 말합니다.

"내 주여 그렇지 아니하니이다 나는 마음이 슬픈 여자라 포도주나 독주를 마신 것이 아니요 여호와 앞에 내 심정을 통한 것뿐이오니"(삼상 1:15).

한나는 자신의 괴로운 심정을 하나님에게 나아가 토설했던 것입니다. 그렇습니다. 하나님의 사람들은 하나님 앞에 나아가 자신의 마음을 토해 내야 합니다. 자신의 마음속에 있는 슬픔을 그대로 표현해야 합니다. 다윗은 시편 62편 8절에서 이렇게 권면합니다.

"백성들아 시시로 그를 의지하고 그의 앞에 마음을 토하라 하나님은 우리의 피난처시로다"(시 62:8).

마음을 토하라는 말은 마음속에 있는 모든 감정을 숨김없이 뱉어 내라는 것입니다. 우리도 사랑하는 하나님 아버지에게 우리의 감정을 그대로 토해 낼 수 있어야 합니다. 슬프면 내 마음이 지금 너무 슬프다고, 억울하면 주님 너무 억울하다고, 이해가 안 되면 어떻게 그런 일이 일어났는지 이해가 되지 않는다고, 죽고 싶으면 지금 내 마음이 살고 싶지 않다고 솔직히 뱉어 내야 합니다.

주님이 원하시는 것은 우리의 완전함이 아닙니다. 주님은 상한 심령과 죄로 인해서 애통하는 마음을 원하시므로 우리의 기도에는 이런 가감 없는 표현과 토해 냄이 있어야 합니다. 왜냐하면 하나님이 나의 아빠이시고 하나님과 나와의 관계가 인격적 관계이기 때문입니다.

## 왜 모세는 슬퍼했는가

모세가 시내 산에 올라 다시 기도할 때 왜 하나님 앞에서 자신의 마음이 슬프다고 말했을까요? 자신의 수고와 희생, 자신이 드린 중보기도를 백성들이 알아주지 않아서입니까? 아니면 자신이 병들어서입니까? 아닙니다. 이 백성이 하나님의 은혜를 잊어버리고 금신을 만들어 우상을 숭배해 하나님에게 큰 죄를 지었기 때문입니다. 모세는 이 백성이 지은 큰 죄로 인해 슬퍼했습니다.

"모세가 여호와께로 다시 나아가 여짜오되 슬프도소이다 이 백성이 자기들을 위하여 금신을 만들었사오니 큰 죄를 범하였나이다"(출 32:31).

그렇다면 오늘 내게도 이런 죄로 인한 슬픔이 있습니까? 이 민족이 지은 죄로 인한 슬픔이 있습니까? 내 자녀가 지은 죄로 인한 슬픔이 있습니까? 우리는 내가 지은 죄로 인해서는 애통해하면서도 내 자녀의 죄로 인해서는 별로 슬퍼하지 않습니다. 내가 지은 죄로 인해서는 속상해하면서도 어떤 교회의 분쟁이나 어떤 목회자가 시험에 들어 넘어졌다는 소식을 들으면 별로 슬퍼하지 않습니다. 아니 도리어 비난만 합니다.

자녀의 죄 때문에 너무 마음 아파하며 우는 한 어머니를 본 적이 있습니다. 고등학교 때까지는 신앙생활을 잘하던 딸아이가 대학교에 들어가더니 술과 담배를 하고 밤 늦도록 집에도 잘 들어오지 않았다고 합니다. 그러더니 급기야는 어머니도 교회에 나가지 못하게 핍박하는 것을 보면서 마음 아파 우는 것이었습니다.

당신은 자녀의 죄로 인해 가슴을 치며 슬퍼한 적이 있습니까? 자녀의 취직이나 결혼 문제로 속상해하고 슬퍼하는 부모는 많아도 자녀가 지은 죄로 인해 슬퍼하는 부모는 많지 않습니다. 그러나 죄에 대한 분노, 죄인에 대한 슬픈 감정이 있어야 그를 위해 기도할 수 있습니다. 예수님이 "나를 위하여 울지 말고 너희와 너희 자녀를 위하여 울라"(눅 23:28)고 말씀하셨던 것은 그 때문입니다.

정말 주님의 말씀처럼 우리는 나 자신과 하나님과 점점 멀어져 가는 자녀의 모습을 보면서 울어야 합니다. 점점 세상 속으로 빠져만 가는 남편의 모습을 보며 울어야 합니다. 밤이 새도록 술을 마시고 비틀거리는 다음 세대를 보며 울어야 합니다. 나와 내 자녀와 내 조국을 위해 울고 슬퍼할 수 있는 자만이 중보기도를 드릴 수 있기 때문입니다. 죄로 인한 슬픔이 있는 자만이 중보의 자리로 나아가 기도의 무릎을 꿇을 수 있기 때문입니다.

✈ 애통해하는 사람은?

1. 다른 사람의 죄를 위해 중보기도를 드리는 사람입니다.
2. 자신의 감정을 하나님에게 솔직하게 토해 내는 사람입니다.
3. 다른 사람을 위해서 슬퍼할 수 있는 사람입니다.

숨 쉬지 않고 사는 것이 불가능한 것처럼
그리스도인이 기도하지 않는 것은 불가능하다.
_ 마틴 루터 킹 주니어

# 06
# 하나님이 찾으시는
# 위대한 사람

(출 32:32)

---

하나님은 기도하는 사람을 찾으신다

---

### 기도의 사람 모세

모세는 기도의 사람이었습니다. 인생의 위기를 만날 때마다 그는 무릎으로 승부했습니다. 백성들이 자신을 원망하며 돌을 들어 죽이려 할 때에도 도망가는 것이 아니라 무릎 꿇고 기도했습니다. 아말렉과 싸울 때에도 산 위에 올라 두 손을 높이 들고 기도했습니다.

이스라엘 백성들이 금송아지를 만들어 우상을 숭배해 하나님이 그들을 진멸하겠다고 말씀하실 때에도 그는 중보기도를 드렸습니다. 하나님은 모세의 기도를 들으시고 뜻을 돌이켜 말씀하신 화를 내리지 않으셨습니다. 모세는 시내 산에 올라 다시 기도의 무릎을 꿇고는 자신의 슬픈 감정을 숨기지 않고 드러냈습니다.

"모세가 여호와께로 다시 나아가 여짜오되 슬프도소이다 이 백성이 자기들을 위하여 금신을 만들었사오니 큰 죄를 범하였나이다"(출 32:31).

모세가 왜 이렇게 슬퍼했습니까? 백성들이 자기들을 위해서 금신을 만들어 하나님 앞에 큰 죄를 지었기 때문입니다. 모세의 슬픔은 바로 이스라엘 백성들이 지은 죄 때문입니다. 우리에게도 이러한 슬픔이 있어야 합니다. 그래야 우리도 모세처럼 중보의 자리로 나아가 중보기도를 드릴 수 있습니다.


## 내 이름을 지워 버려 주옵소서

이스라엘 백성들이 지은 죄로 인해 슬퍼했던 모세는 이제 자신의 목숨을 걸고 기도합니다.

"그러나 이제 그들의 죄를 사하시옵소서 그렇지 아니하시오면 원하건대 주께서 기록하신 책에서 내 이름을 지워 버려 주옵소서"(출 32:32).

모세는 백성들의 죄 사함을 위해 기도하면서 만일 하나님이 그들의 죄를 사해 주지 않으시려면 주의 기록하신 책에서 자신의 이름을 지워 버려 달라고합니다. "주께서 기록하신 책"은 구원받은 자들의 이름이 기록되어 있는 생명책을 말합니다.

성경을 보면 생명책에 관한 말씀이 참 많이 나옵니다.

"누구든지 생명책에 기록되지 못한 자는 불 못에 던져지더라"(계 20:15).

아무리 선하고 의롭게 살아도 이 생명책에 기록되지 못한 사람은 유황불이 타오르는 지옥에 던져질 수밖에 없습니다. 그러면 누가 천국에 들어갑니까?

"오직 어린 양의 생명책에 기록된 자들만 들어가리라"(계 21:27b).

오직 죽임을 당한 어린 양의 생명책에 그 이름이 기록된 자들만 천국에 들어갑니다. 그래서 예수님도 70인 전도단이 돌아와 "주의 이름이면 귀신들도 우리에게 항복하더이다"(눅 10:17)라고 말할 때 "그러나 귀신들이 너희에게 항복하는 것으로 기뻐하지 말고 너희 이름이 하늘에 기록된 것으로 기뻐하라"(눅 10:20)고 말씀하셨습니다. 그런데 모세는 이 백성들의 죄를 사해 달라고 기도하면서 "그렇지 아니하시오면 원하건대 주께서 기록하신 책에서 내 이름을 지워 버려 주옵소서"라고 기도한 것입니다. 무슨 말입니까? 자신의 죽음으로 백성들의 죄가 사함 받을 수만 있다면 대신 자신의 이름을 생명책에서 지워 버려도 괜찮다는 것입니다. 모세는 백성들의 죄 사함과 구원을 위해 하나밖에 없는 자신의 목숨까지 걸고 기도한 것입니다.

# 왜 모세는 목숨을 걸고 기도했는가

모세는 왜 목숨까지 걸고 하나님에게 중보기도를 드렸을까요?

## 자신의 목숨보다 백성들을 더 사랑

모세는 정말 자기 백성을 사랑했습니다. 그런데 이스라엘 백성들은 어떻습니까? 정말 목숨을 걸고 사랑할 만한 백성입니까? 모세는 자기 백성을 이렇게 이야기합니다.

"내가 너희를 알던 날부터 너희가 항상 여호와를 거역하여 왔느니라"(신 9:24).

그들은 하나님으로부터 전무후무한 은혜를 받은 사람들입니다. 어떤 민족도 받아 누리지 못한 특별한 은혜를 경험한 사람들입니다. 하지만 그들은 항상 여호와를 거역했습니다. 그들은 끊임없이 불순종하고 반항하는 삶을 살아왔습니다. 끊임없이 불평하고 원망하고, 심지어는 지도자인 모세를 돌로 쳐 죽이려고 했던 자들입니다.

하지만 모세는 그들을 사랑했습니다. 그래서 하나님이 '이 백성을 진멸하고 너를 조상으로 하는 새로운 민족을 일으키겠다' 하실 때에도 그 제안을 거부하고 백성들의 죄를 사해 달라며 자신의 목숨을 걸고 중보의 기도를 드린 것입니다.

사도 바울 역시 이런 동일한 기도를 드렸습니다.

"나의 형제 곧 골육의 친척을 위하여 내 자신이 저주를 받아 그리스도에게서 끊어질지라도 원하는 바로라"(롬 9:3).

'저주를 받는다'는 것은 태아의 탯줄이 산모와 끊어지는 것처럼 자신이 그리스도와 분리되는 것을 말합니다. 이는 곧 영원한 사망에 이르게 되는 것입니다. 하지만 바울은 자신이 저주를 받아 영원한 사망에 이를지라도 형제 곧 골육의 친척인 이스라엘이 그리스도를 영접해서 구원받기를 원했습니다.

지도자는 이렇게 자기 백성을 사랑해야 합니다. 그런데 백성들을 선동하고 정략적으로 이용하는 지도자들은 많아도 백성들의 눈물을 닦아 줄 수 있는 지도자는 별로 없는 것 같습니다. 영적인 지도자도 마찬가지입니다. 예수님은 "선한 목자는 양들을 위하여 목숨을" 버린다고 했는데 오늘날 양들을 위해 자신의 목숨을 버릴 수 있는 목자는 별로 없습니다. 모세는 자기 백성을 더 사랑해 자신의 목숨을 걸고 그들의 죄 사함과 구원을 위해 기도했습니다.

### 모세의 희생은 예수 그리스도를 예표

백성들의 죄 사함과 구원을 위해 자신의 목숨을 내어 놓으려 했던 모세의 희생은 인류의 대속을 위해 십자가에 달려 죽으신 우리 주님을 생각나게 합니다. 예수님은 십자가에 달려 피 흘려 죽어 가시면서 이렇게 기도하셨습니다.

"아버지 저들을 사하여 주옵소서 자기들이 하는 것을 알지 못함이니이다"(눅 23:34).

예수님은 십자가에 달려 피 흘려 죽어 가시면서도 자신을 십자가에 못 박은 자들을 위해 중보하며 기도하셨습니다. 그리고 우리의 구원을 위해 십자가 위에서 화목 제물로 죽으셨습니다.

모세는 예수 그리스도를 예표하는 자입니다. 이스라엘 백성들의 죄는 단순히 기도를 통해서가 아니라 죽음을 통해서만 사해질 수 있다는 사실을 알았기에 '자신의 목숨을 걸고 백성들의 죄를 사해 달라'고 기도한 것입니다.

죄의 값은 사망입니다. 죄는 단순히 기도만 한다고 사라지지 않습니다. 죄는 반드시 죽음을 통해서만 해결될 수 있습니다. 죽음이 없이는 그 어떤 죄도 사함을 받을 수 없습니다. 그래서 히브리서 기자는 "피 흘림이 없은즉 사함이 없느니라"(히 9:22b)고 했습니다.

구약 시대에 사람이 죄를 지으면 어떻게 했습니까? 가장 먼저는 흠 없는 어린 양을 잡아 그 머리에 안수해서 자신의 죄를 전가시킨 다음 칼로 양을 잡아 피를 흘리게 한 후 제물로 태워 드립니다. 구약 시대에도 죄 사함을 받으려면 제물이 반드시 피를 흘리고 죽어야만 했습니다. 죽음이 없이는 그 어떤 죄도 사함 받을 수 없기 때문입니다.

레위기 20장을 보면 반드시 죽어야 하는 죄들을 언급하면서 '반드시 죽이라'는 말씀이 무려 일곱 번이나 나옵니다. 왜 이런 죄를 지은 자는 반드시 죽어야 한다고 말합니까? 죄의 값은 사망이기 때문입니다. 죽음이 없이는 그 어떤 죄도 사함 받을 수 없습니다.

그렇다면 오늘 이 시대에도 죄를 지으면 반드시 죽여야 하나요? 아닙니다. 예수님이 우리의 모든 죄를 대신 짊어지시고 십자가에 달려 죽으심으로 우리의 죗값을 완벽하게 지불하셨기 때문에 우리는 죄를 지어도 죽지 않고, 그 죄를 자백하고 돌이킴으로 사함을 얻는 것입니다.

## 중보기도란

모세는 이렇게 자기의 목숨을 거는 중보기도를 통해서 자기 백성을 살렸습니다. 한 사람 모세의 기도가 자기 백성과 형 아론을 살린 것입니다. 한 사람 모세의 기도가 하나님이 말씀하신 화를 내리지 않도록 한 것입니다. 그렇다면 중보기도란 뭘까요?

중보기도란 어떤 사람을 대신해서 하나님에게 나아가는 것을 말합니다. 아브라함처럼 한 손은 하늘을 향해 들고 또 한 손으로는 인간의 슬픈 사연을 붙들고 하나님과 인간 사이에서 기도하는 것입니다. 한마디로 내가 아닌 다른 사람을 위해 기도하는 것을 말합니다.

그런데 엄밀하게 말하면 하나님과 우리 사이의 유일한 중보자는 예수님 한 분밖에 없습니다. 예수님이 화목 제물이 되어 죽으심으로 우리가 하나님에게로 나아갈 수 있게 되었기 때문에 중보기도는 오직 예수님만이 하실 수 있습니다. 바울도 디모데전서 2장 5절에서 하나님과 우리 인간 사이의 유일한 중보자는 예수 그리스도 한 분뿐이시라고 이야기합니다.

"하나님은 한 분이시요 또 하나님과 사람 사이에 중보자도 한 분이시니 곧 사람이신 그리스도 예수라"(딤전 2:5).

이렇게 십자가를 통해서 중보 사역을 이루신 예수님은 지금도 하나님 보좌 우편에서 우리를 위해 중보기도를 드리고 계십니다.

"그는 하나님 우편에 계신 자요 우리를 위하여 간구하시는 자시니라"(롬 8:34b).

하나님과 우리 인간 사이의 유일한 중보자는 예수 그리스도 한 분밖에 없으므로 엄밀한 의미에서의 중보기도는 오직 예수님만이 하실 수 있습니다.

그렇다면 우리가 나라를 위해 기도하고 남을 위해 기도하는 것은 무엇일까요? 굳이 정해서 말한다면 '도고'라고 할 수 있습니다. 사도 바울은 디모데전서 2장 1절에서 "모든 사람을 위하여 간구와 기도와 도고와 감사를 하되"라고 이야기합니다. 빌 도(禱), 고할 고(告)로 문자적으로 보면 기도로 고한다는 뜻입니다.

많은 학자들이 중보기도라는 말을 사용하지 말고 도고 혹은 중보적 기도라는 말을 사용하자고 이야기합니다. 자칫 유일한 중보자이신 예수 그리스도의 영광을 훼손할 수 있기 때문입니다. 그러나 저는 성도들에게 하나님과 우리 사이의 유일한 중보자가 예수 그리스도이심을 가르치고 그들이 우리의 중보자이신 예수 그리스도의 이름으로 기도하도록 한다면 중보기도라는 말을 사용해도 괜찮다고 생각합니다. 우리도 왕 같은 제사장으로서 예수 그리스도 안에서 예수의 이름으로 중보적 기도를 드릴 수 있기 때문입니다. 또 하나의 이유는 중보기도라는 말이 이미 한국 교회 안에 토착화되어 있기 때문입니다. 사실 주님의 마음을 품고 나라와 민족, 열방과 이웃을 위해 기도하는 것이 중요하지, 용어의 문제를 가지고 논쟁하는 것은 바람직하지 않다고 생각합니다.


## 중보기도의 유익

그러면 중보기도는 우리에게 어떤 유익을 줄까요?

### 이기심을 뛰어넘어 주님의 마음을 품게 함

인간이 얼마나 이기적인 존재인지 모릅니다. 사위가 내 딸에게 잘해 주면 그렇게 기분이 좋다가도 내 아들이 며느리에게 잘해 주는 것을 보면 기분 나빠합니다. 주말 고속도로에 차가 밀려 많은 차들이 거북이 운행을 하고 있는데 내가 탄 차가 버스전용차선으로 신나게 달리면 그렇게 기분이 좋습니다. 사드 배치가 필요하다고 말하면서도 내 마을에 들어서는 것은 안 된다고 말합니다.

우리는 이러한 이기주의 시대에 살고 있습니다. 사람들은 자기 자신밖에 모릅니다. 성경은 말세가 되면 사람들이 "자기를 사랑하며 돈을 사랑하며 자랑"할 것이라고 했습니다. 그렇기 때문에 이 이기심을 뛰어넘어 다른 사람을 위하고 다른 사람을 사랑하는 것은 쉽지 않습니다. 그렇게 살면 완전히 왕따가 됩니다. 하지만 중보기도는 우리로 하여금 이기심을 뛰어넘어 주님의 마음을 품게 합니다. 그래서 누군가를 위해서 기도하면 우리 마음이 그곳을 향하고 그 사람에게 관심을 갖게 됩니다. 우리는 중보기도를 드림으로 기도의 지경을 넓혀야 합니다. 기도의 지경이 넓어지면 그만큼 이기심을 뛰어넘어 이타적인 사람이 될 수 있습니다.

### 하나님의 일하심을 보게 함

이스라엘과 아말렉이 싸울 때 모세는 산 위에 올라가 두 손을 들고 기도했습니다. 그런데 모세가 손을 들면 이스라엘이 이기고 손을 내리면 아말렉이 이겼습니다.

"모세가 손을 들면 이스라엘이 이기고 손을 내리면 아말렉이 이기더니"(출 17:11).

이것은 모세의 중보기도로 이미 전쟁의 승패가 결정되었음을 말합니다.

영적 전쟁의 승리는 싸움의 현장이 아닌 기도의 현장에서 결정됩니다. 하나님은 모세의 중보기도를 들으신 후 이스라엘 백성들의 죄를 사하시고 백성들을 진멸하시겠다는 화를 내리지 않으셨습니다. 소돔과 고모라가 멸망을 받을 때 아브라함의 중보기도를 통해서 롯의 가족들이 구원을 받았습니다. 또한 예루살렘 교회 성도들의 중보기도로 감옥에 있던 베드로가 옥문이 열리며 구원을 받았습니다. 이렇게 중보기도는 하나님의 용서와 구원을 경험하게 만듭니다. 하나님의 일하심을 경험하게 합니다.

독일의 평화적인 통일도 사실은 중보기도자들의 기도에 의해서 이루어졌습니다. 1980년대 초, 동독에 속해 있던 라이프치히 시의 성니콜라이 교회에서 퓨러 목사와 청년 십여 명이 독일 통일을 위한 월요기도회를 시작했습니다. 그들은 퓨러 목사의 산상수훈 설교를 들은 후 독일의 통일을 위한 촛불 시위가 아닌 촛불 기도회를 시작했습니다. 그런데 그 기도회에 참여하는 인원이 매주 불어나 1989년 10월 9일, 경찰이 집회를 방해하고 주변 고속도로를 차단했음에도 불구하고 교회 내부에 2천 명, 밖에 약 1만 명이 모여 기도하기 시작했습니다. 그리고 한 달 후인 1989년 11월 9일, 베를린 장벽은 피 한 방울 흘리지 않고 무너졌습니다. 독일의 통일은 총과 칼에 의해서가 아닙니다. 정치 지도자들에 의해서도 아닙니다. 함께 모여 드린 중보의 기도가 하늘의 보좌를 움직였기 때문입니다. 우리나라의 통일도 조국을 위해서 눈물을 흘리며 기도하는 중보기도자들에 의해 이루어질 거라고 믿습니다.

이처럼 중보기도는 이기심을 뛰어넘어 주님의 마음을 품게 만듭니다. 중보기도는 다른 사람으로 하여금 승리의 삶을 살게 합니다. 하나님의 용서와 하나님의 구원, 하나님의 보호를 경험하게 합니다. 하나님의 일하심을 보게 합니다.


## 하나님이 찾으시는 사람

하나님은 오늘도 모세처럼 중보하며 기도하는 자를 찾으십니다. "이 땅을 위하여 성을 쌓으며 성 무너진 데를 막아서서 나로 하여

금 멸하지 못하게 할 사람을 내가 그 가운데에서 찾다가 찾지 못하였으므로"(겔 22:30).

성 무너진 데를 막아서서 하나님으로 하여금 멸하지 못하게 하는 사람이 누구입니까? 바로 중보기도자입니다. 하나님은 바벨론 포로 시대에도 이렇게 이 땅을 위해서 성을 쌓으며 성 무너진 데를 막아서서 하나님으로 하여금 멸하지 못하게 할 사람을 찾으셨습니다. 그런데 그 사람을 찾지 못했다고 말씀하십니다.

하나님은 모세처럼 이 민족을 품고 기도하는 자를 찾으십니다. 똑똑하고 유능한 사람이 아니라 주님의 마음을 품고 북한의 동포를 위해서, 이 민족의 평화적 통일을 위해서 기도하는 자를 찾으십니다. 무너져 가는 다음 세대를 위해서, 깨어진 가정들을 위해서, 주님의 몸 된 교회와 지도자를 위해서 중보기도하는 사람을 찾으십니다.

성경을 보면 많은 하나님의 사람들이 중보기도자였습니다. 믿음의 조상 아브라함은 롯과 그 가족을 위해서 기도했습니다. 모세는 여호수아의 군대가 아말렉과 싸울 때 산에 올라가 두 손을 높이 들고 기도했습니다. 사무엘도 자기 백성을 위해서 쉬지 않고 기도했습니다(삼상 12:23).

욥은 자녀들의 생일잔치가 끝나면 혹시 그들이 죄를 범해 마음으로 하나님을 욕되게 하지는 않았을까 해서 번제를 드리며 자녀들을 위해 기도했습니다. 느헤미야도 수일 동안 금식하며 민족의 죄를 회개하며 기도했습니다. 스데반 또한 자기를 돌로 쳐 죽이는 자들을 위해서 기도했습니다.

네비게이토의 창시자인 도슨 트로트맨은 세계 지도를 펼쳐 놓고 손가락으로 짚어 가며 기도했는데 시간이 지나고 보니 자신의 손때가 많이 묻은 곳이 부흥되었다고 합니다. 스펄전 목사님이나 D. L. 무디와 같이 한 시대에 하나님의 손에 붙들려 귀하게 쓰임 받았던 분들을 보면 반드시 그 뒤에 그를 위해 간절히 기도하는 중보기도자들이 있었습니다.

우리 교회에도 저를 위해서 기도하는 중보기도 팀들이 있습니다. 요일별로 돌아가면서 기도하는 중보기도 팀들이 있고, 매일 저와 교회를 위해서 하루에 세 시간씩 기도하는 분들도 있습니다. 장로님들도 주일 아침에 중보기도로 저를 돕고 있습니다.

기도의 사람 E. M. 바운즈는 "하나님에 관해 사람에게 말하는 것은 위대한 일이다. 그러나 사람에 관해 하나님에게 말하는 것은 훨씬 더 위대한 일이다"라고 말했습니다. 주님의 마음을 품고 나라와 민족을 위해서, 누군가를 위해서 기도하는 사람은 위대한 사람입니다. 하나님은 오늘도 이 위대한 사람을 찾으십니다.

### ✦ 기도하는 사람은?

1. 다른 사람의 문제를 대신해서 하나님에게 아뢰는 사람입니다.
2. 자신의 생명을 아끼지 않고 간구하는 사람입니다.
3. 주님의 마음을 품고 엎드리는 사람입니다.

살아간다는 것은 결국 절망을 경험하게 되는 것이고,
절망한다는 것은 은혜를 갈구하게 된다는 말이다.
_ 브레넌 매닝

# 07
# 나로 주의 목전에
# 은총을 입게 하소서

(출 33:12-17)

---

하나님은 은혜를 사모하는 사람을 찾으신다

---

모세는 기도의 사람입니다. 이스라엘 백성들이 금송아지를 만들어 숭배함으로 하나님이 그들을 진멸하시겠다고 했을 때 모세는 하나님에게 나아가 중보기도를 드렸습니다.

모세의 첫 번째 중보기도는 하나님의 명예에 호소해서 "주의 맹렬한 노를 그치시고 뜻을 돌이키사 주의 백성에게 이 화를 내리지 마옵소서"(출 32:12)라는 것이었습니다. 모세의 두 번째 중보기도는 자신의 목숨을 걸고 한 "이제 그들의 죄를 사하시옵소서"라는 기도였습니다. 그러면 모세의 세 번째 중보기도는 무엇일까요? 세 번째 중보기도의 내용은 "주의 목전에 은총을 입게 해 달라"는 것이었습니다.

"나로 주의 목전에 은총을 입게 하시며"(출 33:13b).

나로 주의 목전에 은총을 입게 하소서

세 번째 중보기도의 자리로 나아간 모세는 주의 은총에 호소하는 기도를 드렸습니다. 출애굽기 33장 12-17절에 보면 '내 앞에', '목전에', '은총'이라는 말이 무려 다섯 번이나 나옵니다.

"너도 내 앞에 은총을 입었다 하셨사온즉"(12절b).

"내가 참으로 주의 목전에 은총을 입었사오면"(13절a).

"나로 주의 목전에 은총을 입게 하시며"(13절b).

"나와 주의 백성이 주의 목전에 은총 입은 줄을 무엇으로 알리이까"(16절a).

"너는 내 목전에 은총을 입었고"(17절b).

모세의 세 번째 중보의 기도는 "나로 주의 목전에 은총을 입게" 해 달라는 것이었습니다. 그러면 목전의 은총이란 무엇일까요? 목전의 은총은 말 그대로 눈앞의 은총을 말합니다. 이는 우리의 눈으로 볼 수 있도록 하나님이 행하신 특별한 은총을 말합니다.

은총에는 '일반 은총'과 '특별 은총'이 있습니다. 일반 은총은 하나님이 믿는 자나 믿지 않는 자에게 동일하게 베풀어 주시는 은총을 말합니다. 예를 들면, 우리가 생활할 수 있도록 햇빛과 비를 내려 주시고, 숨을 쉴 수 있는 공기를 주시고, 질서를 위해서 국가와 지도자를 세워 주시고, 또 병들었을 때 의사를 통해 진료와 수술을 받게 되는 이 모든 것들이 다 일반 은총입니다. 반면 특별 은총은 성경을 통해서 진리를 깨닫고 예수 그리스도를 믿음으로 구원을 받으며 죄와 죽음에서 해방되는 것을 말합니다. 한마디로 우리가 구원받고 여기까지 믿음을 지키며 살아온 모든 것이 바로 특별 은총입니다.

사실 이스라엘 백성들은 지금까지 하나님이 자신들의 구원을 위해서 행하신 놀라운 일들을 눈으로 직접 보았습니다. 430년 동안 애굽에서 종살이하던 그들이 해방되어 출애굽을 하게 되었습니다. 홍해를 육지같이 건넜습니다. 하늘에서 내리는 만나와 메추라기를 먹었습니다. 구름 기둥, 불기둥의 인도를 받으며 여기까지 왔습니다. 하나님과 언약을 맺었고 하나님으로부터 십계명을 받았습니다. 한마디로 말하면 목전의 은총을 경험하며 여기까지 왔습니다. 그런데 목전의 은총을 베푸시며 여기까지 인도하신 하나님이 우상 숭배로 인해서 동행하지 않겠다고 말씀하신 것입니다. 조상들과 맺으신 맹세로 인해서 약속대로 가나안 땅에 들어가게는 하겠지만 그들과 함께 올라가지는 않겠다고 말씀하신 것입니다.

모세는 하나님의 말씀을 수긍하지 않았습니다. 모세는 "나로 주의 목전에 은총을 입게" 해 달라고 기도했습니다. 모세는 자신의 의로움이나 공로를 내세우지 않고 전적으로 하나님의 은총에 호소하는 기도를 드렸습니다.

더 나아가 모세는 이렇게 기도합니다.

"모세가 여호와께 아뢰되 주께서 친히 가지 아니하시려거든 우리를 이곳에서 올려 보내지 마옵소서"(출 33:15).

모세는 지금 하나님이 친히 동행해서 올라가지 않으신다면 차라리 이곳에서 올려 보내지 말아 달라고 기도했습니다. 무슨 말입니까? 하나님이 친히 동행해 주지 않으신다면 가나안을 향해서 올라가지 않겠다는 것입니다. 하나님 없이 젖과 꿀이 흐르는 땅에 들어가는 것보다 차라리 광야에서, 사막에서 죽는 것이 낫다는 것입니다. 왜냐하면 하나님이 함께하시지 않는 가나안은 아무 의미가 없기 때문입니다. 그 땅이 아무리 젖과 꿀이 흐르는 땅이라 할지라도, 하나님이 천사를 앞서 보내어 가나안 땅의 원주민을 몰아내 그 땅을 차지하게 해 주신다 할지라도 하나님이 함께하지 않으신다면 그것은 저주지 은혜가 아니기 때문입니다.

이를 볼 때 모세는 은혜가 무엇인지를 알고 있었습니다. 많은 사람들은 자기 혼자 편하게 사는 것을 은혜라고 생각합니다. 사람들은 좋은 환경에서 많은 것을 누리며 사는 것을 은혜라고 생각합니다. 그러나 모세는 하나님 없이 자기 혼자 편하게 사는 것을 은혜라고 생각하지 않았습니다. 하나님과의 관계가 회복되지 않은 상황에서 그 땅에 들어가 하나님의 백성이 아닌 신분으로 그 땅을 차지하며 사는 것을 은혜라고 생각하지 않았습니다. 모세는 치열한 영적 전쟁과 환난과 핍박, 때로는 고난을 당한다 할지라도 하나님과 동행하는 것이 은혜라고 생각했습니다. 비록 좁은 길을 걸을지라도 하나님과 동행하는 것이 은혜라고 생각했습니다.

하나님 없는 성공은 성공이 아닙니다. 아무리 좋아도, 아무리 아름다워도, 아무리 매력적이고 근사하게 보여도 하나님이 함께하지 않으신다면 그것은 은혜가 아닙니다. 아무리 출세 가도를 달리고 거침없이 넓은 길을 달려도 하나님이 동행해 주지 않으시면 그것은 성공이 아닙니다. 하나님 없는 성공을 추구하지 마십시오. 하나님 없는 넓은 길을 선택하지 마십시오. 아무리 돈이 되고 출세가 보장되어도 하나님이 없는 것을 취하지 마십시오. 그것은 은혜가 아닙니다. 그것은 성공이 아닙니다.

우리 역시 모세처럼 끊임없이 "나로 주의 목전에 은총을 입게" 해 달라고 기도해야 합니다. 그냥 은총이 아닙니다. 주의 목전의 은총입니다. 목전의 은총은 기도하는 자만 은밀하게 아는 것이 아니라 모든 사람이 눈으로 보고 "정말 하나님이 하셨구나", "하나님은 정말 살아 계시는구나", "하나님은 정말 약속을 지키시는 신실한 분이시구나"라고 말할 수 있게 하는 것입니다. 목전의 은총을 가장 많이 경험했던 다윗은 "주께서 내 원수의 목전에서 내게 상을 차려 주시고 기름을 내 머리에 부으셨으니"(시 23:5)라고 고백했습니다. 하나님이 자신을 죽이려고 했던 그 많은 원수들 앞에서 목전의 은총을 베풀어 주셨다는 것입니다.

우리는 모세처럼 끊임없이 목전의 은총을 구하며 기도해야 합니다. 심지어 다윗처럼 원수의 목전에서 은총을 입게 해 달라고 기도해야 합니다.


## 누가 목전의 은총을 구할 수 있는가

그러면 누가 목전의 은총을 구할 수 있습니까? 목전의 은총은 아무나 구할 수 없습니다. 하나님의 은총을 받은 자가 목전의 은총을 구할 수 있습니다.

"주께서 전에 말씀하시기를 나는 이름으로도 너를 알고 너도 내 앞에 은총을 입었다 하셨사온즉"(출 33:12b).

모세는 세 번째 중보기도를 통해 전에 하셨던 말씀을 근거로 주의 은총에 호소하는 기도를 드리고 있습니다. 과거 하나님이 모세에게 하셨던 말씀은 무엇입니까? "나는 이름으로도 너를 알고 너도 내 앞에 은총을 입었다"는 말씀입니다. 하나님은 사람이 자기 친구와 이야기함같이 모세와 친구처럼 대면해서 말씀하셨습니다. 하나님은 모세의 모든 것을 다 알고 계셨습니다.

뿐만 아니라 모세는 하나님 앞에 은총을 입은 사람이었습니다. 애굽에 태어난 모든 남자아이가 산파에 의해 죽임을 당할 때 모세는 죽지 않고 살아서 인생의 나이 80세에 부르심을 입어 이스라엘 백성들을 애굽에서 인도해 냈습니다. 모세는 누구보다도 은총을 많이 경험한 사람입니다.

모세는 하나님이 전에 말씀하신 것처럼 하나님과의 친밀한 사귐을 가진 자이기에 이렇게 기도하고 있습니다. 하나님이 "너도 내 앞에 은총을 입었다" 말씀하신 것처럼 많은 은총을 입은 자이기에 이렇게 "주의 목전에 은총을 입게" 해 달라고 기도하는 것입니다.

# 모세가 구한 목전의 은총

## 주의 길을 내게 보이소서

"내가 참으로 주의 목전에 은총을 입었사오면 원하건대 주의 길을 내게 보이사 내게 주를 알리시고"(출 33:13a).

모세가 구했던 목전의 은총은 첫째로 주의 길을 보여 달라는 것이었습니다. 천사가 앞서 행하며 우리를 인도하는 것도 좋지만 예전처럼 하나님이 친히 함께하시며 우리의 갈 길을 인도해 달라는 것입니다. 그래서 순간순간 주님의 뜻이 무엇인지를 알게 해 달라는 것입니다.

사실 이스라엘 백성들은 낮에는 구름 기둥, 밤에는 불기둥의 인도를 받으며 여기까지 왔습니다. 앞서 행하시는 하나님의 인도를 받으며 여기까지 왔기에 주의 길을 내게 보이사 내게 주를 알려 달라는 이 기도 역시 우리와 동행해 달라는 기도인 것입니다.

## 이 족속을 주의 백성으로 여기소서

모세가 구했던 두 번째 목전의 은총은 관계의 회복이었습니다. 모세는 이 족속을 주의 백성으로 여겨 달라고 기도했습니다.

"나로 주의 목전에 은총을 입게 하시며 이 족속을 주의 백성으로 여기소서"(출 33:13b).

하나님은 이스라엘 백성들을 애굽에서 이끌어 내신 후 시내 산에서 언약을 맺으셨습니다. 그런데 이스라엘 백성들이 우상을 숭배함으로 하나님과 맺은 언약이 파기되었습니다. 이로 인해 하나님은 그들을 '내 백성'이라 부르지 않고 "네가 애굽 땅에서 인도하여 낸 백성"이라고 말씀하셨습니다.

그런데 모세는 "나로 주의 목전에 은총을 입게 하시며 이 족속을 주의 백성으로 여기소서"라고 기도했습니다. 무슨 말입니까? 이제는 목이 뻣뻣한 백성, 모세의 백성이 아닌 주의 백성으로 여겨 달라는 것입니다. 한마디로 하나님과의 관계를 회복시켜 달라는 것입니다. 결국 모세가 구했던 목전의 은총은 관계를 회복시켜 주셔서 친히 동행해 달라는 것이었습니다.


## 기도의 응답

하나님은 "나로 주의 목전에 은총을 입게 하시며"라는 모세의 기도에 응답하시어 다음과 같이 말씀하셨습니다.

"여호와께서 모세에게 이르시되 네가 말하는 이 일도 내가 하리니 너는 내 목전에 은총을 입었고 내가 이름으로도 너를 앎이니라"(출 33:17).

또 하나님은 중보의 기도를 드리는 모세에게 "네가 말하는 이 일도 내가 하리니"라고 말씀하셨습니다. 모세가 구했던 것을 하나님이 이루시겠다는 것입니다. 하나님이 당신의 뜻을 돌이키셔서 이 백성을 주의 백성으로 삼아 주시고 친히 동행해 주시겠다는 것입니다.

14절을 보면 좀 더 구체적으로 응답하셨습니다.

"여호와께서 이르시되 내가 친히 가리라 내가 너를 쉬게 하리라"(출 33:14).

"내가 친히 가리라"는 이 말씀은 하나님이 친히 동행해서 올라가시겠다는 것입니다. 함께 올라가지 않겠다고 말씀하신 하나님이 모세의 중보기도를 받으시고 "내가 친히 가리라"고 말씀하신 것입니다. 또 하나님은 "내가 너를 쉬게 하리라"고 말씀하셨습니다. 쉬게 하겠다는 것은 약속의 땅에 이르기까지 사건사고가 없다는 말이 아닙니다. 여전히 갈등과 어려움이 있겠지만 염려에 매이지 않고 두려움에 떨지 않는 마음의 평안과 쉼을 주시겠다는 것입니다. 이 얼마나 큰 축복입니까. 하나님이 목전의 은총을 구한 모세에게 이런 놀라운 축복을 약속하신 것입니다.

우리는 이 기도의 응답을 통해 중요한 한 가지 사실을 깨닫게 됩니다. 그것은 하나님의 은총에 호소하는 기도가 하나님의 마음을 움직인다는 것입니다. 왜 하나님이 모세의 기도를 들으시고 목전에 은총을 베풀어 주셨습니까? 모세가 자신의 공로와 업적을 내세우지 않고 오직 주님의 은총만을 구하며 기도했기 때문입니다.

그렇습니다. 은총에 호소하는 기도가 목전의 은총을 경험하게 합니다. 자신의 공로나 업적을 내세우는 기도는 결코 하나님의 마음을 움직일 수 없습니다. '주여, 나로 주의 목전에 은총을 입게 하소서! 나는 당신의 은혜가 아니면 아무것도 할 수 없습니다. 나는 오직 주님의 은혜로만 살 수 있습니다. 나는 오직 주님의 은혜로만 회복될 수 있습니다.' 이렇게 주님의 은총에 호소하는 기도를 드릴 때 하나님은 당신의 뜻을 돌이키면서까지 응답하십니다. 그러므로 하나님의 사람은 어떤 사람이나 상황을 만날지라도 주의 은혜를 구하고 또 구해야 합니다.

시편 123편 3절을 보면 시편 기자는 반복해서 은혜를 베풀어 달라고 기도합니다.

"여호와여 우리에게 은혜를 베푸시고 또 은혜를 베푸소서 심한 멸시가 우리에게 넘치나이다"(시 123:3).

왜 이렇게 기도합니까? 심한 멸시가 그들에게 넘쳤기 때문입니다. 이 심한 멸시는 과연 무엇을 말하는 것일까요? 안일한 자의 조소와 교만한 자의 멸시입니다.

"안일한 자의 조소와 교만한 자의 멸시가 우리 영혼에 넘치나이다"(시 123:4).

여기서 안일한 자와 교만한 자는 자신의 힘과 돈과 건강과 군사력을 믿고 삶에 안주하며 하나님을 대적하는 자들을 말합니다. 이렇게 안일한 자들과 교만한 자들이 지금 성전을 회복하지 못하고 고난당하고 있는 이스라엘을 조롱하고 멸시한다는 것입니다. 그래서 시편 기자는 이런 조롱과 비웃음으로부터 속히 벗어나도록 '은혜를 베푸시고 또 은혜를 베풀어 달라고' 기도한 것입니다.

안일한 자들로부터 조소를 당하고 교만한 자들에 의해 심한 멸시를 받고 있다면 은혜를 구하십시오. '여호와여 내게 은혜를 베푸시고 또 은혜를 베풀어 주십시오'라고 기도하십시오. 모세가 이렇게 하나님의 은총에 호소하는 기도를 드렸을 때 하나님은 응답하셨습니다. 우리는 모세와 시편의 기자처럼 끊임없이 하나님의 은총에 호소하는 기도를 드려야 합니다.

지금 우리는 이스라엘 백성들처럼 광야의 나그네 인생길을 살아가고 있습니다. 가도 가도 끝이 없는 광야의 한복판에 서 있습니다. 혹시 이 험한 광야의 인생길을 하나님이 함께하시지 않아도 걸을 수 있다고 생각하십니까? 많은 지식과 건강과 인생의 수많은 경험을 가지고 있다 할지라도 하나님의 도우심이 없이는 살아갈 수 없습니다. 5분 후를 모르는 인생이기에 우리 자신이 인생의 주인이 될 수는 없습니다. 우리는 우리 인생을 책임질 수 없습니다.

우리는 모세처럼 '나로 주의 목전에 은총을 입게 해 달라'고 기도해야 합니다. 하나님의 마음을 움직이는 기도는 주의 은총에 호소하는 기도입니다. 주의 은총에 호소하는 자가 목전의 은총을 경험합니다.


## 목전의 은총의 보증


하나님은 주의 목전에 은총을 입게 해 달라는 모세의 기도를 들으시고 "내가 친히 가리라 내가 너를 쉬게 하리라"고 말씀하셨습니다. 하지만 모세는 거기서 그치지 않고 이렇게 물었습니다.

"나와 주의 백성이 주의 목전에 은총 입은 줄을 무엇으로 알리이까"(출 33:16a).

　그러면서 스스로 이렇게 대답합니다.

　"주께서 우리와 함께 행하심으로 나와 주의 백성을 천하 만민 중에 구별하심이 아니니이까"(출 33:16b).

　하나님이 우리와 함께 행하심으로 나와 주의 백성이 천하 만민 중에서 구별될 수 있다는 것입니다. 그렇습니다. 우리는 하나님이 우리와 함께 행하심으로 이 세상과 구별되는 것입니다. 이스라엘 백성과 다른 모든 족속이 구별될 수 있었던 것은 하나님이 이스라엘 백성들과 함께하셨기 때문입니다. 하나님이 함께하지 않으셨다면 이스라엘 백성들도 이방 족속들보다 나을 것이 없었을 것입니다. 가나안의 원주민들이 왜 이스라엘 백성들을 두려워했습니까? 그들이 철과 병거로 무장했기 때문입니까? 아닙니다. 하나님이 그들과 함께 행하심을 보았기 때문입니다.

　하나님의 사람과 세상의 사람은 하나님의 함께하심으로 구별됩니다. 하나님이 우리와 함께 행하실 때 세상과 교회가, 성도의 기업과 불신자의 기업이, 빛의 자녀와 어둠의 자녀가 구별됩니다. 하나님의 함께하심을 통해 구별된 삶을 살아 우리가 주의 목전에 은총을 받은 사람인 것이 증명되는 삶을 살아야 합니다. 하나님은 이렇게 당신의 은혜를 구하는 사람을 찾으십니다.

1. 하나님의 동행해 주심을 구하는 사람입니다.
2. 하나님이 우리 인생의 주인이심을 인정하는 사람입니다.
3. 세상과 구별된 삶으로 주의 목전에 은총 받은 자임을 증명하
   는 사람입니다.

하나님을 향한 순종과
하나님으로부터 오는 평화는
떼어질 수 없다.
_ 프레데릭 W. 로버트슨

# 08
# 너희에게
# 평강이 있을지어다

(요 20:19-21)

---

하나님은 평강을 구하는 사람을 찾으신다

---

예수님이 사망의 권세를 물리치시고 부활하심으로 그동안 무소불위의 권세를 가지고 우리 인간을 지배해 왔던 죽음의 권세가 깨어졌습니다. 우리는 죽음의 법에서 해방되었고 그 부활의 생명으로 새 생명을 얻게 되었습니다. 예수님이 부활하신 날은 인류 역사에 있어 최고의 날이며 가장 큰 기쁨의 날입니다.


## 영이 아닌 몸의 부활

안식 후 첫날 저녁, 제자들이 모여 있는 곳에 부활하신 예수님이 나타나셨습니다.

"안식 후 첫날 저녁 때에 제자들이 유대인들을 두려워하여 모인 곳의 문들을 닫았더니 예수께서 오사 가운데 서서 이르시되 너희에게 평강이 있을지어다"(요 20:19).

제자들은 유대인들이 두려워 모인 곳의 문들을 꼭꼭 걸어 잠그고 있었습니다. 그런데 문이 열리지도 않았는데 부활하신 주님이 그곳에 나타나신 것입니다. 제자들은 그날 밤 자신들에게 나타나신 예수님을 유령으로 생각했습니다.

"그들이 놀라고 무서워하여 그 보는 것을 영으로 생각하는지라"(눅 24:37).

그때 주님은 자신의 손과 옆구리를 제자들에게 보여 주셨습니다.

"이 말씀을 하시고 손과 옆구리를 보이시니 제자들이 주를 보고 기뻐하더라"(요 20:20).

누가복음에서는 이렇게 말씀하셨습니다.

"내 손과 발을 보고 나인 줄 알라 또 나를 만져 보라 영은 살과 뼈가 없으되 너희 보는 바와 같이 나는 있느니라"(눅 24:39).

왜 예수님이 자신의 손과 발과 옆구리를 보이시며 만져 보라고 말씀하셨을까요? 손과 발에 나 있는 못 자국과 옆구리에 나 있는 창 자국 때문입니다. 영은 살과 뼈가 없기 때문에 만져지지 않습니다.

더 나아가 예수님은 "여기 무슨 먹을 것이 있느냐"라고 물으시고 그 앞에서 구운 생선 한 토막을 드셨습니다.

"이에 구운 생선 한 토막을 드리니 받으사 그 앞에서 잡수시더라"(눅 24:42-43).

예수님의 부활은 영의 부활이 아니라 몸의 부활입니다. 예수님은 십자가에 못 박히시고 죽으신 그 몸으로 부활하신 것입니다. 예수님은 영으로 제자들에게 나타나신 것이 아니라 부활하신 몸으로 나타나신 것입니다.

예수님이 영이 아닌 그 몸으로 부활하신 것처럼 우리의 몸도 다시 부활하게 될 것입니다. 그래서 우리는 신앙고백을 통해 "몸이 다시 사는 것과 영원히 사는 것을 믿사옵나이다"라고 고백합니다. 사도 바울도 "그리스도 예수를 죽은 자 가운데서 살리신 이가 너희 안에 거하시는 그의 영으로 말미암아 너희 죽을 몸도 살리시리라"(롬 8:11b)고 했습니다. 우리의 몸이 부활해야 우리의 구원이 완성됩니다. 지금처럼 병들고 쇠하고 죽는 연약한 몸이 아니라 주님처럼 썩지 않고 쇠하지 않는 신령한 몸으로 부활하게 될 것입니다.

## 너희에게 평강이 있을지어다

부활 후 제자들에게 나타나신 예수님은 가장 먼저 "너희에게 평강이 있을지어다"라고 말씀하셨습니다.

"안식 후 첫날 저녁 때에 제자들이 유대인들을 두려워하여 모인 곳의 문들을 닫았더니 예수께서 오사 가운데 서서 이르시되 너희에게 평강이 있을지어다"(요 20:19).

우리가 예수님 입장이었다면 가장 먼저 무슨 말을 했을까요? 저

같으면 "나를 배신하고 떠난 자들이여"라고 꾸중했을 것 같습니다. 아니면 "믿음이 없는 자들이여"라고 책망했을 것 같습니다. 예수님이 여러 차례 죽으시고 부활하실 것을 말씀하셨건만 주님이 잡히시던 날 그들은 예수님을 배신하고 떠나갔기 때문입니다. 이는 베드로와 요한이 빈 무덤을 경험한 여인들을 통해서 예수님의 부활소식을 듣고 찾아가는 것으로 알 수 있습니다. 이로 볼 때 제자들은 예수님으로부터 배신자라는 꾸중과 믿음이 없는 자라는 책망을 들어야 마땅합니다.

그런데 부활하신 주님은 자신을 배신한 제자들에게 "너희들은 나를 버리고 떠난 배신자야"라며 꾸중하지 않으셨습니다. 심지어는 빈 무덤까지 봤음에도 당신의 부활을 의심하며 두려워 떨고 있는 그들을 "믿음이 없는 자들"이라며 책망하지도 않으셨습니다. 오히려 "너희에게 평강이 있을지어다"라고 말씀하신 후 뒤에서 한 번 더 제자들에게 "너희에게 평강이 있을지어다"라고 말씀하셨습니다.

"예수께서 또 이르시되 너희에게 평강이 있을지어다"(요 20:21a).

예수님은 안식 후 첫날 새벽 빈 무덤을 확인하고 부활의 소식을 전하기 위해서 달려가는 막달라 마리아와 한 여인에게도 나타나셔서 가장 먼저 평안을 물으셨습니다.

"예수께서 그들을 만나 이르시되 평안하냐 하시거늘"(마 28:9a).

이것을 보면 부활하신 주님의 최고의 관심이 평강, 곧 샬롬임을 알 수 있습니다.

사람은 사랑하고 가까운 사람을 만나면 가장 먼저 관심 있는 말을 하게 되어 있습니다. 자녀가 시험을 치르고 돌아오면 부모는 가장 먼저 무엇부터 물어봅니까? "시험 잘 보았니?" "시험 어렵지 않았어?" "시험 보느라 고생 많았지?" 이렇게 시험과 관련된 말을 먼저 하게 되어 있습니다. "오늘 점심 뭐 먹었어?" "이는 닦았어?" 이런 말을 먼저 하는 부모는 거의 없습니다. 부활하신 예수님이 가장 먼저 하신 말씀이 평강이고 또다시 강조하신 말씀이 평강인 것을 보면 주님의 최고의 관심이 바로 평강인 것을 알 수 있습니다. 부활하신 주님은 우리가 평강을 누리며 살기를 원하십니다.

## 왜 평강이 주님의 관심인가

### 현실적으로 필요한 평강

예수님이 부활하신 그날 저녁 제자들이 한 곳에 모여 있습니다. 그곳은 모임의 장소로 자주 사용되었던 마가의 다락이 아닌가 싶습니다. 제자들은 지금 굉장히 두려움 가운데 떨고 있습니다.

"안식 후 첫날 저녁 때에 제자들이 유대인들을 두려워하여 모인 곳의 문들을 닫았더니 예수께서 오사 가운데 서서 이르시되 너희에게 평강이 있을지어다"(요 20:19).

왜 모여 있는 제자들이 두려워 떨고 있습니까? 예수님을 십자가에 못 박아 죽인 유대인들이 자신들을 찾아 죽이려고 했기 때문입니다. 그래서 신변의 위협을 느낀 제자들은 모인 곳의 문을 꼭꼭 걸어 잠그고 두려움 가운데 숨어 있었습니다. 예수님의 제자들은 두려움의 포로가 되어 벌벌 떨고 있었습니다. 그렇기 때문에 현실적으로 그들에게 가장 필요한 것은 샬롬, 평강이었습니다. 세상이 줄 수 없는, 곧 모든 지각에 뛰어난 평안이었습니다.

아무리 사업에 성공했다 할지라도 마음에 평안이 없으면 그것은 축복이 아닙니다. 자녀가 명문 대학을 나오고 아이비리그를 다닌다 할지라도 마음에 평안이 없으면 성공이 아닙니다. 아무리 좋은 환경 가운데 살아도 평안이 없다면 축복이 아닙니다.

지난 4월, 123층에 높이가 555미터인 세계에서 여섯 번째로 높은 롯데 월드 타워가 개장했습니다. 그런데 그곳 호텔의 최고 좋은 객실이 하룻밤 묵는 데 2천만 원이나 된다고 합니다. 42층부터 71층에는 주거용 오피스텔인 시그니엘 레지던스가 있는데 90평짜리 주거 공간이 월 5억 2천5백만 원이라고 합니다. 전세가 아니라 월세입니다. 이처럼 좋은 서비스를 받고 서울이 한눈에 내려다보이는 곳에서 생활한다 할지라도 마음에 평안이 없다면 그것이 축복일까요? 현실적으로 지금 내 마음에 평안이 없다면 그것은 축복이 아닙니다.

얼마 전 OECD 국가의 행복 지수가 발표되었습니다. 우리나라는 OECD 34개국 중에 몇 위나 될까요? 안타깝게도 34개국 중 32위를 기록했습니다. 자살률 역시 10년 넘게 1위 자리를 차지하고 있습니다. 무슨 말입니까? 예전보다 국민 소득이 높아지고 훨씬 더 좋은 환경 가운데 살고 있지만 여전히 국민들은 행복하지 못하다는 것입니다. 마음에 평안이 없다는 것입니다. 행복한 삶의 증거는 마음의 평안이지 소유가 아닙니다.

지금 우리에게 현실적으로 필요한 것은 마음의 평안입니다. 마음의 평안이 없는 축복은 축복이 아니기 때문에 예수님은 두려워 떨고 있는 제자들에게 "너희에게 평강이 있을지어다"라고 말씀하신 것입니다.

### 부활의 열매인 평강

예수님이 말씀하신 평강, 곧 평안은 세상이 줄 수 없는 것입니다. 그래서 예수님은 "평안을 너희에게 끼치노니 곧 나의 평안을 너희에게 주노라 내가 너희에게 주는 것은 세상이 주는 것과 같지 아니하니라"(요 14:27a)고 말씀하셨습니다.

예수님이 주시는 평안은 세상이 줄 수 없는 평안입니다. 모든 지각에 뛰어난 평안입니다. 아무리 생각하고 또 생각해도 인간의 이성으로는 이해할 수 없는 평안입니다. 환난과 역경, 인생의 풍랑 가운데서도 누릴 수 있는 평안입니다. 인간관계의 갈등이나 경제적인 어려움 속에서도 누릴 수 있는 평안입니다. 그리고 기가 막힐 웅덩이와 수렁에서도 누릴 수 있는 평안입니다. 왜냐하면 이 평안은 하늘로부터 임하는 평안이기 때문입니다.

하늘로부터 임하는 평안이란 예수님의 십자가 대속의 죽음과 부활을 통해서만 주어지는 평안을 말합니다. 다른 말로 하면 죄와 죽음의 법에서 해방된 자만이 누릴 수 있는 평안입니다. 생각해 보십시오. 우리가 예수를 믿기 전에는 죄의 종이면서 하나님과 원수 된 자로 살았습니다. 그런데 하나님과 화목하지 못하고 원수로 사는 자들이 하늘로부터 임하는 평안을 누릴 수 있겠습니까?

죄의 문제, 죽음의 문제가 해결되지 않는 자는 결코 이 평안을 누릴 수 없습니다. 성경을 보면 언제 평안이 사라지고 두려움이 임했습니까? 죄가 들어오면서부터입니다. 아담과 하와를 보십시오. 에덴동산에서 그토록 평화롭게 살던 그들이 하나님의 말씀을 어기고 선악과를 따 먹었습니다. 그러자 어떤 일이 벌어졌습니까? 두려움이 임했습니다. 그래서 하나님이 아담에게 "네가 어디 있느냐" 물으실 때 "내가 … 두려워하여 숨었나이다"라고 말했습니다. 죄로 인해서 하나님과 원수 된 관계가 되고, 원수 된 관계가 되니 평화가 깨지고 두려움이 임한 것입니다.

그런데 로마서를 보면 하나님과 원수 된 관계에 있을 때 예수님이 우리를 위해서 죽으심으로 말미암아 하나님과 화목하게 되었다고 말씀합니다.

"곧 우리가 원수 되었을 때에 그의 아들의 죽으심으로 말미암아 하나님과 화목하게 되었은즉"(롬 5:10a).

우리는 예수를 믿음으로 하나님과 화목하게 되었습니다. 뿐만 아니라 예수를 믿음으로 새 생명을 얻게 되었습니다. 우리가 왜 예수를 믿습니까? 영생을 얻기 위해서입니다.

"하나님이 세상을 이처럼 사랑하사 독생자를 주셨으니 이는 그를 믿는 자마다 멸망하지 않고 영생을 얻게 하려 하심이라"(요 3:16).

그러면 영생이란 무엇일까요? 문자적으로 말하면 영원히 사는 생명입니다. 영생은 단순히 죽지 않고 영원히 사는 것이 아니라 주님과 함께 영원히 사는 것을 말합니다. 그렇다면 왜 우리가 예수를 믿으면 영생을 얻습니까? 그것은 우리가 예수님의 부활의 생명으로 다시 태어나기 때문입니다.

예수를 믿기 전에는 부모님이 물려준 생명만을 가지고 있었습니다. 부모님이 물려준 생명은 아담으로부터 흘러오는 죄성을 가지고 있고, 죄의 값은 사망이기 때문에 언젠가는 죽어야 합니다. 그런 우리가 예수를 믿으면 예수님의 생명으로 다시 태어나게 됩니다. 예수님의 생명은 어떤 생명입니까? 죄와는 무관하며 죽음을 이기고 부활하신 생명입니다.

당신이 예수를 믿음으로 거듭났다면 지금 당신 안에는 죄와 무관하고 죽음을 이긴 부활의 생명이 있습니다. 그래서 죽음의 순간이 몰려와도 겁을 내지 않고 부활의 소망 가운데 죽음을 맞이할 수 있는 것입니다. 설령 사망이 잠시잠깐 우리를 무덤에 가두어 둔다할지라도 우리의 육체 역시 썩지 않고 쇠하지 않는 신령한 몸으로 다시 부활하게 될 것이기에 이 부활의 소망을 가진 자는 죽음 앞에서도 두려워하지 않고 하나님이 주시는 평안을 누리며 이 땅을 떠날 수 있는 것입니다.

부활하신 주님이 말씀하신 "너희에게 평강이 있을지어다"의 평안은 예수님의 십자가의 죽으심과 부활을 통해서만 주어지는 열매입니다. 예수님의 십자가의 죽으심과 부활이 없었다면 이 평안은 결코 우리에게 주어질 수 없는 것입니다. 평강은 부활의 열매입니다.

## 평안의 복음을 전할 수 있게 하는 평강

"예수께서 또 이르시되 너희에게 평강이 있을지어다 아버지께서 나를 보내신 것같이 나도 너희를 보내노라"(요 20:21).

부활하신 예수님은 "너희에게 평강이 있을지어다"라고 말씀하시면서 "아버지께서 나를 보내신 것같이 나도 너희를 보내노라"고 말씀하셨습니다. 예수님은 당신의 제자들을 보내시면서 그들에게 평강이 있기를 원한다고 말씀하신 것입니다. 이를 통해 보냄을 받은 자는 반드시 평강이 있어야 한다는 것을 알 수 있습니다.

주님은 왜 그렇게 말씀하셨을까요? 그것은 평안을 가진 자만이 부활의 증인이 될 수 있기 때문입니다. 평안을 가진 자만이 가서 평안의 복음을 전할 수 있기 때문입니다. 우리가 전하는 복음은 평안의 복음입니다. 우리가 전하는 복음을 듣고 주님을 영접하면 하나님과 화목하게 되고 세상이 줄 수 없는 평안, 죄와 죽음에서 해방되는 평안, 하늘로부터 임하는 평안을 누리게 되기 때문입니다. 그래서 바울은 영적 전쟁을 이야기하면서 평안의 복음이 준비한 것으로 신을 신으라고 했습니다.

"평안의 복음이 준비한 것으로 신을 신고"(엡 6:15).

바울은 왜 이렇게 말했을까요? 영적 전쟁을 통해서 복음을 받아들이는 자에게는 놀라운 평강이 임하기 때문입니다. 그래서 바울은 로마서 16장 20절에서 "평강의 하나님께서 속히 사탄을 너희 발아래에서 상하게 하시리라"고 했습니다. 여기서 "상하게"라는 말은 포도 열매를 포도주 틀에 넣어 즙을 만들 때 사용하는 동사입니다. 포도를 발로 밟으면 어떻게 됩니까? 바닥에 짓이겨져 껍질이 벗겨지고 터져서 먹을 수 없게 됩니다. 그런데 우리가 전하는 복음이 사탄을 그렇게 만듭니다. 십자가와 부활은 사탄이 가진 모든 권세를 무력화시켜 버립니다. 예수님은 십자가 위에서 우리의 모든 죗값을 치르심으로 그의 머리를 깨뜨리시고 무덤에서 부활하심으로 사망 권세를 깨뜨리셨습니다. 그래서 원수 마귀에게는 영원한 저주와 고통을, 주를 믿는 자들에게는 새 생명과 세상이 줄 수 없는 평안을 주셨습니다.

평안의 복음을 전하는 자로 살아가기 위해서는 우리 안에 반드시 이 평강이 흘러넘쳐야 합니다. 생각해 보십시오. 문제와 상황 앞에서 두려워 떨며 이 복음을 전한다면 누가 받아들이겠습니까. 세상 사람들보다 더 죽음을 두려워하고 겁을 내는데 내가 전하는 이 복음을 누가 받아들이겠습니까.

우리는 평안을 가져야 합니다. 평안을 가진 자만이 부활의 증인이 될 수 있고 평안의 복음을 전할 수 있습니다. 이 평안을 누리는 자만이 세상을 향해 당당히 나아갈 수 있습니다.

몇 년 전에 프리 허그free hug가 크게 유행한 적이 있었습니다. 제이슨 헌터라는 사람이 유튜브에 올린 프리 허그 영상을 보면 남녀노소를 가리지 않고 누구나 따뜻하게 안아 주는 감동적인 장면들이 나옵니다. 세계화 시대, 소셜 미디어 시대를 살아가지만 개개인은 더욱 고립되고 외로운 삶을 살아가고 있습니다. 때문에 누군가 나를 아무 이유 없이, 아무 조건 없이 안아 준다는 건 정말 뜻밖의 친밀함을 안겨 주는 파격적인 언어 행동이 되는 것입니다.

허그, 즉 포옹은 스칸디나비아에서 온 말로, '편안하게 하다, 위안을 주다'는 뜻의 고대 노르웨이어 'hugga'와 동의어입니다. 이 말은 또 '소중히 하다, 어떤 사람과 매우 친밀하게 지내다'라는 뜻을 나타내기도 합니다. 허그는 또한 놀랍게도 임상 실험을 통해 환자의 생존 의지를 북돋아 주는 데 효과가 있다는 사실까지 확인되었다고 합니다. 포탄이 터지는 전쟁 속에서도 엄마의 품속에 있는 아이는 평안함을 느낀다고 하지 않습니까? 이렇게 누군가의 따뜻한 품에 안기는 것이 얼마나 큰 위로가 되는지 모릅니다. 예수님도 따뜻한 그의 품에 우리를 안아 주십니다. 그리고 평강을 주십니다. 사랑한다고 말씀하십니다. 평강을 구하는 자를 찾으시며 하나님의 사랑하심과 위로하심을 베풀어 주십니다.

부활하신 주님의 최고의 관심은 샬롬, 평강이었습니다. 그래서 주님은 두려워 떠는 제자들을 찾아가셔서 "너희에게 평강이 있을지어다"라고 말씀하셨습니다. 주님의 관심은 지금도 마찬가지입니다. 그렇다면 당신의 최고의 관심은 무엇입니까? 돈입니까? 성공입니까? 건강입니까?

부활하신 주님은 지금 문제 앞에서, 죽음 앞에서, 실패 앞에서, 인생의 파도 앞에서 두려워 떨고 있는 당신에게 말씀하십니다.

"너희에게 평강이 있을지어다."

✖ 평강을 구하는 사람은?

1. 세상이 줄 수 없는 하나님의 평안을 구하는 사람입니다.
2. 죽음을 두려워하지 않고 하나님이 주시는 평안을 바라보며 이 땅을 떠날 수 있는 사람입니다.
3. 자신에게 흘러넘치는 평강으로 평안의 복음을 전하는 사람입니다.

복음은 우연히 비처럼 떨어지는 것이 아니라,
하나님이 보내신 사람들의 입을 통해 전해지는 것이다.

＿ 장 칼뱅

# 09

# 그대로 두면
# 그대로 있으리라

(요 20:21-23)

---

## 하나님은 복된 소식을 전하는 사람을 찾으신다

---

앞에서 부활하신 주님의 최고의 관심인 평강에 대해 살펴봤습니다. 부활하신 주님이 제자들이 모여 있는 곳에 나타나셨습니다. 그리고 가장 먼저 "너희에게 평강이 있을지어다"라고 말씀하셨습니다. 왜 부활하신 주님은 제자들에게 가장 먼저 평강을 말씀하셨을까요?

첫째는, 현실적으로 제자들에게 평강이 필요했기 때문입니다. 예수님의 제자들은 자신들을 찾아 죽이려는 유대인들의 눈을 피해 모인 곳의 문을 꼭꼭 걸어 잠그고 두려움 가운데 떨고 있었습니다. 그러므로 그들에게 현실적으로 필요한 것은 바로 평강이었습니다.

지금 우리에게 필요한 것 역시 평강입니다. 아무리 사업에 성공을 하고 좋은 대학과 좋은 직장에 다녀도, 아무리 좋은 환경 가운데 살아도 지금 내 마음에 평안이 없다면 그것은 축복이 아닙니다. 그래서 예수님은 두려워 떨고 있는 제자들에게 "너희에게 평강이 있을지어다"라고 말씀하신 것입니다.

둘째는, 평강이 부활의 열매이기 때문입니다. 예수님이 말씀하신 평안은 세상이 줄 수 없는, 모든 지각에 뛰어난 평안입니다. 환난과 역경 속에서도 누릴 수 있는 평안입니다. 인생의 풍랑 가운데서도, 인간관계의 갈등 속에서도 누릴 수 있는 평안입니다. 경제적인 어려움과 기가 막힐 웅덩이와 수렁에서도 누릴 수 있는 평안입니다. 왜냐하면 이 평안은 예수님의 십자가 대속의 죽음과 부활을 통해서만 주어지는 하늘로부터 임하는 평안이기 때문입니다. 이는 곧 죄와 죽음의 법에서 해방된 자만이 누릴 수 있는 평안입니다. 그러므로 평강은 부활의 열매입니다.

셋째는, 평강을 가진 자만이 평안의 복음을 전할 수 있기 때문입니다. 부활하신 예수님은 "너희에게 평강이 있을지어다"라고 말씀하시면서 "아버지께서 나를 보내신 것같이 나도 너희를 보내노라"고 말씀하셨습니다. 이것은 평안을 가진 자만이 부활의 증인이 될 수 있기 때문에 보냄을 받은 자는 반드시 평강이 있어야 한다는 것입니다.

## 나도 너희를 보내노라

이 장에서는 부활하신 주님의 또 하나의 관심에 대해 생각해 보려 합니다. 부활하신 주님의 또 다른 관심은 파송입니다. 보내는 것입니다. 부활하신 주님은 "너희에게 평강이 있을지어다"라고 말씀하시고 곧이어 "나도 너희를 보내노라"고 말씀하셨습니다.

"예수께서 또 이르시되 너희에게 평강이 있을지어다 아버지께서 나를 보내신 것같이 나도 너희를 보내노라"(요 20:21).

부활하신 주님의 관심은 제자들을 보내는 것이었습니다. 그래서 부활 후 승천하실 때에도 제자들에게 '가서 모든 족속으로 제자를 삼으라'고 말씀하셨습니다.

"너희는 가서 모든 민족을 제자로 삼아"(마 28:19a).


### 보냄을 위해 부름 받음

마태복음 10장은 파송장입니다. 예수님이 열두 제자를 부르셔서 권능을 주시고 파송하시는 내용이 기록되어 있습니다.

"예수께서 그의 열두 제자를 부르사 더러운 귀신을 쫓아내며 모든 병과 모든 약한 것을 고치는 권능을 주시니라"(마 10:1).

예수님은 제자들에게 더러운 귀신을 쫓아내며 모든 병과 모든 약한 것을 고치는 권능을 주시고는 "이스라엘 집의 잃어버린 양에게로 가라"(마 10:6)고 말씀하셨습니다.

주님은 왜 제자들을 부르셨습니까? 왜 제자들에게 더러운 귀신을 쫓아내며 모든 병과 모든 약한 것을 고치는 권능을 주셨습니까? 바로 이스라엘 집의 잃어버린 양에게로 보내기 위해서입니다. 제자들은 보냄을 받기 위해 부르심을 받았고, 보냄을 받기 위해 권능을 입은 것입니다. 이것을 영어로 다음과 같이 표현할 수 있습니다.

Calling → Giving → Sending

제자들뿐 아니라 우리 역시 보냄을 받기 위해 부르심을 입은 자들입니다. 헬라어로 교회를 '에클레시아'라고 말합니다. 에클레시아는 '세상에서 부름을 받은 자들의 모임'이라는 뜻을 가집니다.

주님은 제자들을 한 사람 한 사람 부르셨듯이 우리 한 사람 한 사람을 세상 가운데서 지명해서 부르셨습니다. 주님이 우리를 부르신 것은 늘 당신 곁에 두어 수종하게 하시기 위함이 아니었습니다. 붙잡아 두기 위해서가 아니라 우리를 연단하고 훈련해서 다시 내보내시기 위함입니다.

### 보냄을 받은 곳: 세상

그렇다면 우리가 보냄을 받은 곳은 어디입니까? 세상입니다.

"아버지께서 나를 세상에 보내신 것같이 나도 그들을 세상에 보내었고"(요 17:18).

주님이 우리를 보내신 곳은 교회가 아닙니다. 신앙생활의 무대는 교회가 아니라 세상입니다. 그런데 많은 성도들이 신앙생활의 무대를 교회로 생각하고, 기도원으로 생각해서 교회에 진을 치고 삽니다. 그것은 주님이 원하시는 삶이 아닙니다.

종교 개혁자 마틴 루터와 그의 후예들은 주일 오전 예배를 마친 후 오후에 교회의 출입문을 잠그는 일종의 '폐문의식'을 행했다고 합니다. 오늘 교회에 나와 하나님을 예배함으로 힘을 얻고 성도와의 교제를 통해 위로를 얻었다면 이제 흩어진 교회로 가라는 것입니다. 은혜를 받았으면 다시 세상으로 나아가라는 것입니다. 세상 속으로 들어가 흩어진 교회가 되라는 것입니다.

예배를 드렸다면 우리도 세상으로 가야 합니다. 그래서 우리 삶의 현장이 교회가 되게 해야 합니다. 우리의 삶이 하나님에게 드려지는 예배가 되게 해야 합니다. 진정한 예배는 예배 이후 시작된다고 볼 수 있습니다.

우리가 보냄을 받은 세상은 어떤 곳입니까? 이 세상의 신이 지배하는 곳입니다. 육신의 정욕과 안목의 정욕과 이생의 자랑이 있는 곳입니다. 음란과 부정과 미움과 갈등과 반목이 있는 곳입니다. 어그러지고 거스르는 곳입니다. 빛이 필요할 만큼 어둡고, 소금이 필요할 정도로 부패된 곳이 세상입니다. 그래서 예수님은 열두 제자를 파송하시면서 "내가 너희를 보냄이 양을 이리 가운데로 보냄과 같도다"(마 10:16a)라고 말씀하셨습니다. 무슨 말입니까? 성도와 세상의 관계는 양과 이리와 같다는 것입니다.

양은 가장 온순하고 우둔하며 연약한 짐승입니다. 반면 이리는 사납고 간교한 짐승으로 끊임없이 양을 공격합니다. 우리는 양으로서 이리 떼가 득실거리는 이 세상에 보냄을 받았습니다. 그래서 예수님도 이 말씀을 하신 다음 "너희가 내 이름으로 말미암아 모든 사람에게 미움을 받을 것"(마 10:22a)이라고 말씀하셨습니다.

세상은 우리를 미워합니다. 끊임없이 핍박합니다. 주님은 우리를 그러한 세상으로 보내셨습니다. 보냄 받은 세상을 만만하게 보지 마십시오. 한 시간도 깨어 있지 못하면 늘 사탄의 공격에 넘어지고 시험에 들 수밖에 없는 곳이 바로 이 세상입니다. 그래서 주님이 "시험에 들지 않게 깨어 기도하라"(마 26:41a)고 말씀하신 것입니다.


## 세상은 바다, 교회는 배

선다 싱은 교회와 세상과의 관계를 이렇게 비유했습니다.

"세상은 바다와 같고 교회는 배와 같다."

배는 어디에 있어야 합니까? 바다에 있어야 합니다. 마찬가지로 교회는 세상에 있어야 합니다. 만일 바다에 떠 있는 배가 암초를 만나거나 구멍이 뚫려 물이 배 안으로 들어온다면 어떻게 될까요? 그 배는 타이타닉호처럼 침몰하고 말 것입니다. 우리는 바다의 물이 배 안으로 들어오지 못하게 해야 합니다. 다시 말하면, 교회는 세상 속에 있어야 하지만 세상과 구별되어야 한다는 것입니다. 십자가와 부활의 능력으로, 성령의 능력으로 세상을 정복할지언정 세상에 정복당해서는 안 된다는 것입니다.

"나도 너희를 보내노라."

우리는 보냄을 받은 자들입니다. 하늘과 땅의 권세를 가지신 주님이, 아니 교회의 머리 되신 주님이 우리를 이 세상 가운데로 보내셨습니다. 그러므로 가야 합니다. 이리 떼가 우리를 기다리고 있을지라도, 세상의 미움과 환난이 기다리고 있다 할지라도 우리는 가야 합니다. 가기 싫어도 가야 합니다.

Impossible에 작은 점 하나를 찍으면 I'm possible이 됩니다. Impossible을 그대로 두면 아무 일도 일어나지 않지만 점 하나 찍는 믿음이면 하나님이 주신 거룩한 승리를 누릴 수 있습니다. 사소해 보이는 믿음이, 소망이, 사랑이 하나님 나라에서는 위대한 열매를 맺게 되는 것이 주님 주신 복의 이치입니다. 당신의 인생에 복음이라는 점 하나를 찍을 전도의 때가 있다면 결코 망설이지 마십시오. 그 영혼이 하나님의 소망 가운데 변화되는 기적의 첫 걸음이 될 것이기 때문입니다. 그러니 그대로 두지 마십시오. 마음껏 복된 소식을 전하십시오. 바로 그 복된 소식을 전하는 당신을 하나님이 찾으시고, 하늘의 복을 내려 주십니다.

만일 우리가 세상을 향해서 나아가지 않는다면 하나님은 환난과 핍박을 통해서라도 우리를 흩으실 것입니다. 예루살렘 교회를 보십시오. 주님은 분명히 "오직 성령이 너희에게 임하시면 너희가 권능을 받고 예루살렘과 온 유대와 사마리아와 땅끝까지 이르러 내 증인이 되리라"(행 1:8)고 말씀하셨습니다. 하지만 그들은 나아가지 않았습니다. 흩어지지 않았습니다. 분명히 마가의 다락방에 성령의 불이 임함으로 권능을 받았지만 나아가지 않았습니다. 그러자 하나님은 큰 박해로 예루살렘 교회를 흩으셨습니다.

"그날에 예루살렘에 있는 교회에 큰 박해가 있어 사도 외에는 다 유대와 사마리아 모든 땅으로 흩어지니라"(행 8:1b).

기억하십시오. 주님이 우리를 이 세상 가운데서 부르신 것은 다시 우리를 이 세상으로 보내시기 위함입니다. 우리는 가야 합니다. 만일 우리가 '여기가 좋사오니' 하면서 우리끼리만 뭉쳐 있기를 원한다면 주님은 어떤 방법을 통해서라도 우리를 흩으실 것입니다. 가야 합니다. 흩어져야 합니다. 모여서 예배하고 기도를 통해서 하나님이 주시는 힘과 능력을 공급받았다면, 성도의 교제를 통해 위로를 얻었다면 이제 우리는 다시 세상으로 가야 합니다.

우리는 보냄을 받은 자입니다. '내가 어쩌다 이런 직장에서 근무하게 되었는가?', '내가 어쩌다가 이곳에 내팽개쳐졌는가?', '내가 어쩌다 이곳까지 와서 살게 되었는가?'라고 생각하지 마십시오. 당신은 어쩌다 내팽개쳐진 사람이 아닙니다. 주님이 당신을 그 직장에 보내셨습니다. 주님이 당신을 그 가정에 보내셨습니다. 주님이 당신을 그 지역에 보내셨습니다. 주님이 당신을 그 캠퍼스에 보내셨습니다.

미움 받고 억울한 일을 당하고 핍박을 받을 때마다 나를 이곳에, 이 자리에 보내신 주님을 생각하십시오. 그리고 언제나 '나는 주님으로부터 보냄을 받은 자'라는 분명한 정체성을 가지고 당당하게 살아가십시오.

## 성령을 받으라

부활하신 주님의 또 다른 관심은 성령을 받는 것입니다.

"이 말씀을 하시고 그들을 향하사 숨을 내쉬며 이르시되 성령을 받으라"(요 20:22).

부활하신 주님은 "아버지께서 나를 보내신 것같이 나도 너희를 보내노라"고 말씀하신 후에 제자들을 향해 숨을 내쉬며 "성령을 받으라"고 말씀하셨습니다. 아니 명령하셨습니다. 성령은 받아도 되고 안 받아도 되는 것이 아닌 반드시 받아야 하는 것입니다.

에베소서 5장 18절을 보면 사도 바울도 에베소 교회에 편지하면서 "술 취하지 말라 이는 방탕한 것이니 오직 성령으로 충만함을 받으라"고 했습니다. 이 말씀 역시 권면이 아닌 명령입니다. 성령을 받는 것, 성령의 충만함을 받는 것은 하나님의 명령입니다. 그런데 사람들은 도둑질을 하고 간음죄를 짓는 것은 죄라고 생각하면서도 성령의 충만을 받지 않는 것은 죄라고 생각하지 않습니다. 그러나 분명히 기억하십시오. 성령을 받지 않는 것, 성령의 충만을 받지 않는 것은 죄입니다.

부활하신 주님의 관심은 세상에서의 성공이 아닙니다. 돈이 아닙니다. 성령을 받는 것입니다. 성령의 충만을 받는 것입니다. 그러므로 부활의 주님을 믿는 성도라면 반드시 성령을 받아야 합니다. 성령의 충만을 받아야 합니다.

부활하신 주님은 왜 제자들에게 성령을 받으라고 말씀하셨을까
요? 아니, 우리는 왜 성령의 충만을 받아야 할까요? 성령의 충만을
받아야 부활의 증인이 될 수 있기 때문입니다. 제자들을 보십시오.
그들은 주님이 잡히시던 날 다 도망가 버리고 말았습니다. 두려워
해서 숨었습니다. 부활하신 주님을 만나고도 그들은 사명을 버리
고 갈릴리 바닷가로 나아갔습니다. 그러나 오순절에 성령의 충만
을 받은 다음 어떻게 했습니까? 그들은 두려워하지 않았습니다. 자
기를 잡아 죽이려는 자들 앞에서도 담대하게 다시 사신 예수를 증
거했습니다. 오히려 예수의 이름 때문에 능욕 받는 것을 합당하게
여기며 기뻐했습니다(행 5:41). 그들은 죽음도 두려워하지 않았습니
다. 핍박도 두려워하지 않았습니다. 자기를 잡아 죽이려는 관원들
도 두려워하지 않았습니다.

왜 우리가 성령을 받아야 합니까? 왜 성령의 충만을 받아야 합니
까? 그래야 주님이 맡겨 주신 사역과 사명을 감당할 수 있기 때문
입니다. 그러면 우리가 감당해야 할 가장 중요한 사역과 사명은 무
엇입니까?

"너희가 누구의 죄든지 사하면 사하여질 것이요 누구의 죄든지
그대로 두면 그대로 있으리라 하시니라"(요 20:23).

예수님은 죄 사함에 대해 말씀하셨습니다. 그렇다면 여기 언급된
'너희'는 누구일까요? 로마가톨릭에서는 수제자 베드로라고 주장

합니다. 그래서 베드로의 뒤를 잇는 교황에게 죄를 사해 주는 사죄권이 있다고 말합니다. 그런데 이 경우 사제가 죄를 사하면 하나님도 사해 주시고, 사제가 죄를 사하지 않으면 하나님도 죄를 그냥 놔두셔서 심판을 받게 되는 것이 되고 맙니다.

위 말씀에서 '너희'는 수제자인 베드로가 아니라 제자들 전체를 말하고, 죄를 사하는 권세는 어떤 특정한 소수의 사람이 아닌 오직 하나님, 오직 예수 그리스도에게만 있습니다. 그래서 예수님은 중풍 병자를 고치실 때 "일어나 네 침상을 가지고 집으로 가라"고 말씀하지 않으시고 "네 죄 사함을 받았느니라"(마 9:2b)고 말씀하셨습니다.

그렇다면 "너희가 누구의 죄든지 사하면 사하여질 것이요 누구의 죄든지 그대로 두면 그대로 있으리라"는 말씀은 무엇일까요? 예수님의 십자가와 부활을 근거로 죄에 대한 하나님의 용서를 선포하는 것을 말합니다. 다시 말하면, 우리가 전하는 복음을 믿고 받아들이는 자는 누구든지 죄 사함을 얻는다는 것입니다. 우리에게 죄 사함의 권세가 있는 것이 아니라 우리가 전하는 복음을 듣고 예수님을 영접하면 누구든지 죄 사함을 얻는다는 것입니다. 왜냐하면 예수님이 우리의 모든 죄를 담당하시고 십자가에 달려 죽으심으로 우리의 죗값을 대신 지불하셨고, 부활하심으로 죄의 값인 사망이 제거되고 하나님의 영원한 생명이 주어졌기 때문입니다.

사람들의 죄 사함은 복음을 전하는 나와 직결되어 있습니다. 내가 누군가를 품고 기도한 후 그 사람에게 복음을 전할 때 그 복음을 받아들이는 자는 누구든지 죄를 사함 받고 영생을 얻게 됩니다. 그러나 내가 아무리 좋아하고 사랑하는 사람이라 할지라도 그 영혼을 품고 기도하지 않으면, 복음을 전하지 않으면 그 사람의 죄는 그대로 있게 됩니다. 그리고 그 죄로 인해 영원한 저주와 심판을 받게 됩니다. 그래서 예수님은 베드로가 "주는 그리스도시요 살아 계신 하나님의 아들이시니이다"(마 16:16)라고 고백했을 때 천국의 열쇠를 주셨습니다.

"내가 천국 열쇠를 네게 주리니 네가 땅에서 무엇이든지 매면 하늘에서도 매일 것이요 네가 땅에서 무엇이든지 풀면 하늘에서도 풀리리라"(마 16:19).

열쇠란 주인의 권위와 능력을 상징합니다. 그렇기에 열쇠를 맡긴다는 것은 주인이 자신의 권리와 능력을 부분적으로 위임한다는 것을 말합니다. 그러므로 우리가 성령의 능력을 힘입어 복음을 전하면 형제와 자매에게 역사하는 더러운 권세들이 묶임을 받고 떠나갑니다. 우리가 전하는 복음을 받아들이면 죽음의 권세에서 해방됩니다. 흉악의 결박에서 풀려납니다. 하나님의 진노에서 해방됩니다. 모든 죄를 사함 받습니다. 죽은 영혼이 살아나며, 어둠에서 빛으로 옮긴 바 됩니다. 이 놀라운 일이 실제로 일어납니다. 이런 기가 막힌 특권이 어디에 있습니까? 이 엄청난 권세와 특권을 우리에게 주셨습니다. 그래서 이것을 천국 열쇠로 표현하고 있습니다.

우리가 만일 이 열쇠를 사용하지 않는다면, 이 용서의 복음을 전하지 않는다면 어떻게 될까요?

"누구의 죄든지 그대로 두면 그대로 있으리라"(요 20:23b).

그 사람은 여전히 죄 가운데 있게 될 것입니다. 당신이 이 용서의 복음을 전하지 않으면, 용서의 복음을 선포하지 않는다면 당신이 그토록 사랑하는 부모, 형제자매와 자식도 하나님과 원수 된 상태로 그대로 있을 것입니다.

예수를 모르는 당신의 부모를 그대로 두지 마십시오. 예수를 모르는 당신의 남편과 자식을 그대로 두지 마십시오. 예수를 모르는 당신의 이웃과 직장 동료와 친구를 그대로 두지 마십시오. 그대로 두면 죄 가운데, 진노와 저주 가운데 그대로 있게 될 것입니다. 만일 하나님이 당신에게 맡기신 그 영혼을 그대로 두어 그 영혼이 심판을 받는다면 하나님은 그 사람의 피의 값을 당신에게서 찾으실 것입니다.

**✦ 복된 소식을 전하는 사람은?**

1. 자신의 삶이 하나님에게 드려지는 예배가 되게 하는 사람입니다.
2. '주님으로부터 보냄을 받은 자'라는 분명한 정체성을 가지고 당당하게 살아가는 사람입니다.
3. 성령의 충만함으로 용서의 복음을 선포하는 사람입니다.

하나님은 사람의 외모를 보시지 않듯이
우리를 구원하는 외적인 조건을 내거시지 않는다.

_ 토마스 굿윈

# 10
## 당신은 지금
## 행복하십니까?
(롬 4:5-8)

---

하나님은 의로운 사람을 찾으신다

---

### 행복은 모든 사람의 소원

이 땅을 살아가는 모든 사람들은 복 받기를 원하고 행복하기를 소원합니다. 동서고금을 막론하고 복을 싫어하고 행복을 원하지 않는 사람은 아무도 없습니다.

백과사전에 보면 '행복'Happiness 을 "몸과 마음이 희망으로 넘치고 기쁨에 젖어 있는 정신상태"라고 정의합니다. 그렇다면 "당신은 행복하십니까?", "당신의 몸과 마음이 희망으로 넘치고 기쁨에 젖어 있습니까?" 아니, 먼 훗날이 아니라 "당신은 지금 행복하십니까?" 이 물음에 "네, 나는 지금 행복합니다", "지금 내 몸과 마음이 희망으로 넘치고 기쁨에 젖어 있습니다"라고 대답할 수 있겠습니까? 그토록 많은 사람들이 행복을 갈망하고 추구하지만 "지금 나는 행복합니다"라고 대답하는 사람은 많지 않습니다.

2015년, 갤럽이 143개국을 대상으로 행복 지수를 조사한 결과 한국은 118위를 차지했습니다. 대한민국 국민들의 행복 지수는 불행하게도 OECD 34개국 중 32위에 머물고 있습니다. 거의 꼴지 수준입니다.

여행 정보 사이트인 젯팩 시티 가이드 Jetpac City Guides 에서 SNS인 인스타그램Instagram 에 올라온 1억 5천만 장의 사진을 분석해 국가별 행복 지수를 발표했습니다. 그런데 놀랍게도 대한민국은 124개국 가운데 123위를 차지했습니다. 124위는 일본이었습니다. 우리나라 자살률을 보면 이 결과가 맞는 것 같습니다.


## 행복에 대한 불편한 진실


그러면 왜 그토록 많은 사람들이 자신을 행복하지 못하다고 생각할까요? 그것은 행복에 대한 불편한 진실 때문입니다. 많은 사람들이 행복의 기준을 소유의 넉넉함과 좋은 환경에 두고 있습니다. 그래서 다른 사람보다 더 많은 물질, 더 많은 지식과 정보, 더 많은 재능을 갖고 지금보다 더 좋은 환경에서 살면 행복할 것이라고 생각합니다.

그런데 정말 그럴까요? 지금 우리나라는 6, 70년대와는 비교할 수 없을 만큼 잘 살고 있습니다. 그 당시는 보릿고개라는 말이 나올 정도로 먹고살기 힘든 시대였습니다. 국민 소득도 1960년에는 1천 달러에 불과했지만 지금은 1인당 국민 소득이 2만 7천 달러를 넘어서는 세계 제7위의 경제 대국이 되었습니다. 우리는 지금 이전 사람들이 상상할 수 없을 정도의 좋은 환경 가운데 살고 있습니다. 세계 여러 나라를 가 보았지만 우리나라 사람들처럼 잘 먹고 잘 입고 사는 사람은 별로 없습니다. 생활환경도 우리나라처럼 좋은 나라가 많지 않습니다. 퀵 서비스를 비롯한 배달 문화를 보십시오. 주문만 하면 금방 가져옵니다. 인터넷 속도도 빠르고, 물건을 구입하면 AS도 잘되고, 용변을 보고 나면 비데가 나와서 씻어 주고 말려 주기까지 합니다.

제가 어릴 때는 TV가 마을에 한 대 정도밖에 없었습니다. 그래서 밤만 되면 사람들이 TV가 있는 집 마당에 모여 〈웃으면 복이 와요〉 같은 코미디 프로나 김일 선수의 박치기 장면을 보았습니다. 전화도 거의 없었습니다. 이장이 누구네 집 전화 왔다고 방송을 하면 일하다 말고 가서 전화를 받았습니다. 지금은 어떻습니까? 제 아내는 매일 미국에 있는 딸과 무료로 페이스 톡(영상 통화)을 합니다. 얼마나 편리합니까? 이렇게 많은 것을 소유하고 이렇게 편리한 시대를 살아가지만 사람들은 예전 사람들보다 행복하지 못한 삶을 살고 있습니다. 그런데 국민 소득 2천 달러에도 못 미치는 히말라야의 부탄이라는 나라의 국민들은 97퍼센트가 "나는 행복하다"고 말합니다. 무슨 의미입니까? 경제적 가치가, 소유의 넉넉함이 행복의 척도가 되지 못한다는 것을 반증해 주는 것입니다.

또 다른 불편한 진실 가운데 하나는, 행복은 마음먹기에 달려 있다는 것입니다. 지금 내가 환하게 웃고 누군가를 사랑하며 범사에 감사하고 있다면 그것이 바로 행복이라는 것입니다.

인문학 강의를 들어 보면 정말 행복은 마음먹기에 달려 있는 것처럼 보입니다. 행복은 멀리 있지 않고 내 안에, 내 곁에 있습니다. 우리가 무심코 지나치는 것들 가운데 행복이라는 작은 새가 있습니다. 그러나 행복이란 원한다고 해서 마음대로 가질 수 있는 것이 아닙니다. 그렇게 생각한다고 해서 행복해지는 것이 아닙니다. 이런 행복은 한순간의 행복이 될 수는 있어도 영원한 행복은 될 수 없습니다. 마음먹기에 달려 있다는 행복은 그 마음에 따라 달라질 수 있는 것입니다. 우리의 마음과 생각만으로 갖는 행복은 시간이 지남에 따라 변할 수 있습니다.

몇 년 전 행복 전도사로 유명했던 강사의 자살 소식으로 온 국민이 충격에 빠진 적이 있습니다. 그분은 저희 교회 사모 리조이스 때 강사로 초빙돼서 많은 사모님들에게 행복론을 강의했었습니다. 또 행복 전도사로 〈아침마당〉에 출연해서 얼마나 많은 사람들에게 위로와 용기를 주었는지 모릅니다. 행복은 마음먹기에 달려 있다고 …, 자신이 행복하다고 생각하면 그것이 바로 행복이라고…. 그런데 자신은 다가온 고통을 이겨내지 못하고 그만 자살을 시도하고 말았습니다. 마음먹기에 달려 있는 행복은 한순간의 행복일 뿐 진정한 행복은 아니라는 것입니다.

소유의 넉넉함도 좋은 환경도 행복의 기준이 될 수 없습니다. 더더욱 행복이란 마음먹기에 달려 있는 것도 아닙니다. 그렇다면 인간은 결코 행복해질 수 없는 존재입니까? 우리는 계속 불행한 자로 이 땅을 살아야 합니까? 아닙니다. 하나님은 우리가 정말 행복한 자로 이 세상을 살기 원하십니다. 이것이 하나님이 인간을 지으신 목적입니다.

## 행복은 관계다

그렇다면 진정한 행복이란 무엇일까요? 아니, 어떻게 하면 행복해질 수 있을까요? 행복은 관계에 있습니다. 인간의 행복은 누구를 만나 어떤 관계를 맺고 사느냐에 달려 있습니다. 아무리 좋은 집에서 풍요로움 가운데 살아도 관계가 뒤틀려 있으면 그 사람은 행복할 수 없습니다. 아무리 많이 배우고 많은 정보와 지식을 가지고 있어도, 모든 사람들이 부러워하는 외모와 젊음을 가지고 있어도 관계가 무너지면 행복할 수 없습니다.

유럽을 여행하다 보면 정말 한 폭의 그림처럼 아름다운 마을들이 있습니다. 그런 마을들을 보면 '여기에서 생활하는 사람들은 얼마나 행복할까?'라는 생각을 하게 됩니다. 그런데 막상 그렇게 아름다운 곳에서 생활하는 사람들이 결코 행복하지 않다는 것입니다.

2014년 3월 31일 저녁 9시 뉴스 시간에 파리의 권순표 특파원은 프랑스에서 가장 아름다움을 자랑하는 리무쟁에 사는 사람들이 가장 불행한 것으로 조사되었다는 소식을 전했습니다. 리무쟁뿐만 아니라 세계적 휴양지 니스가 있는 코트다쥐르 역시 불행한 지역으로 꼽혔습니다. 그림 같은 마을에 사는 사람들이 가장 행복할 것 같은데 도리어 가장 불행한 것으로 나타났습니다.

반면 파리 인근의 생드니 사람들은 평균보다 훨씬 더 행복한 것으로 나타났습니다. 그 이유는 다른 지역에 비해 아이들이 더 많았기 때문이라는 것입니다. 생드니는 아이들 비율이 24퍼센트나 되었습니다. 나이, 질병, 외로움 등 불행의 요소가 다양하지만 행복과 불행을 결정짓는 것은 바로 아이들이었습니다. 무슨 말입니까? 인간의 행복을 결정짓는 요소는 돈이나 환경이 아니라 바로 관계라는 것입니다.

아무리 많은 것을 가지고 좋은 환경 가운데 살아도 외로움과 고독 속에 원수를 맺고 살아간다면 결코 행복할 수 없습니다. 하나님의 형상대로 지음 받은 인간은 더더욱 그렇습니다. 누군가를 미워하고 용서하지 못해 뒤틀려 있다면 그 사람은 결코 행복할 수 없습니다. 그러므로 행복하려면 사람과의 관계를 회복해야 합니다. 그래서 주님은 '원수까지라도 사랑하라', '모든 사람과 더불어 화목하라', '일흔 번씩 일곱 번까지라도 용서하라'고 말씀하시는 것입니다.

## 하나님과의 관계를 회복하라

하나님의 형상대로 지음 받은 인간은 아무리 사람과의 관계가 좋아도 하나님과의 관계가 뒤틀리면 행복할 수 없습니다. 정말 행복한 자로 살려면 먼저 하나님과의 관계를 회복해야 합니다. 사람과의 관계는 이 세상에 사는 날 동안만 영향을 미치지만 하나님과의 관계는 우리의 영원한 운명을 결정하기 때문입니다. 뿐만 아니라 하나님과의 관계가 회복되면 사람과의 관계 회복도 쉽게 이루어질 수 있기 때문입니다.

하나님과의 관계가 회복되면 성령의 능력으로 관계의 가장 큰 장애물인 자존심과 욕심을 내려놓을 수 있습니다. 하나님의 사랑으로 용서할 수 없는 사람도 용서할 수 있고, 품을 수 없는 사람까지도 품을 수 있습니다. 그러므로 하나님과의 관계를 회복해야 합니다.

## 타락한 인간의 모습

하나님과의 관계를 회복하려면 먼저 범죄해서 타락한 인간의 모습을 알아야 합니다. 어떤 모습입니까?

하나님은 원래 인간을 당신의 형상을 따라 지으셨습니다. 왜 그렇게 지으셨습니까? 하나님의 음성을 듣고 하나님을 사랑하고 하나님과 교제하도록 하기 위해서입니다. 그런데 인간이 범죄해서 타락함으로 말미암아 하나님과의 관계가 단절되었습니다. 이것이 바로 영적인 죽음입니다.

"그는 허물과 죄로 죽었던 너희를 살리셨도다"(엡 2:1).

여기서 "죽었던"이란 영은 있지만 영의 기능이 마비된 것을 말합니다. 하나님이 창조하신 세상에서 살고 있지만 하나님의 존재를 부정하고 하나님의 음성을 듣지 못하고 하나님과 상관이 없는 자로 살아가는 것을 말합니다. 하나님과의 관계를 회복하려면 허물과 죄로 죽어 있는 내 영이 살아나야 합니다. 그래야 하나님과의 관계가 회복되고 행복한 자로 살아갈 수 있습니다.

백화점에 가면 마네킹이 있습니다. 마네킹은 철따라 달마다 새 옷으로 갈아입곤 합니다. 어떤 마네킹은 유명 디자이너가 디자인한 몇 백만 원이나 되는 최고급 의상을 걸치고 있습니다. 그런데 그 누구도 그 마네킹을 바라보며 '너는 참 행복한 사람이구나'라며 부러워하지 않습니다. 마네킹은 생명이 없기 때문입니다.

영적으로 죽어 있는 사람이 제아무리 잘 먹고 잘 살고 잘 입는다 해도 그들에게는 참행복이나 보람이 없습니다. 그러므로 하나님과의 관계를 회복하려면 허물과 죄로 말미암아 죽어 있는 내 영이 살아나야 합니다.

죄 가운데 태어난 인간은 한 사람도 예외 없이 하나님과 원수 된 관계에 있었습니다.

"우리가 원수 되었을 때에"(롬 5:10a).

하나님과 원수 된 관계에 있기 때문에 본질상 하나님의 진노를 피할 수 없게 되었습니다.

"본질상 진노의 자녀이었더니"(엡 2:3b).

"본질상 진노의 자녀"라는 말은 모든 죄에 대해서 심판하시는 하나님의 진노를 피해 갈 수 없게 된 것을 말합니다. 누구도 공의로우신 하나님의 진노의 심판을 피해 갈 수 없습니다. 하나님의 진노의 심판에는 영원한 형벌과 죽음, 영원한 미움과 증오가 있는 지옥도 포함되어 있습니다.

## 믿음으로 의롭다 함을 받으라

그러면 어떻게 해야 허물과 죄로 죽어 있는 내 영이 다시 살아날 수 있을까요? 어떻게 해야 하나님과 원수 된 관계에 있는 우리가 다시 하나님과의 관계를 회복하고 화목할 수 있을까요? 그것은 예수를 믿음으로 의롭다 함을 얻는 것입니다.

"그러므로 우리가 믿음으로 의롭다 하심을 받았으니 우리 주 예수 그리스도로 말미암아 하나님과 화평을 누리자"(롬 5:1).

누가 하나님과 화평을 누릴 수 있다고 말합니까? 믿음으로 의롭다 하심을 얻은 자입니다. 그렇다면 의롭다 함을 얻는다는 것은 무엇을 말하는 것일까요? '의롭다 함'이란 법적인 용어로서, 분명히 죄인이지만 하나님이 한 번도 죄를 지어 본 경험이 없는 사람으로 간주하시는 것을 말합니다. 이처럼 우리는 믿음으로 의롭다 함을 얻습니다.

그런데 어떤 믿음입니까? 우리 주 예수 그리스도를 믿는 믿음입니다. 5절을 보면 '믿음을 의로 여기신다'고 했습니다.

"일을 아니할지라도 경건하지 아니한 자를 의롭다 하시는 이를 믿는 자에게는 그의 믿음을 의로 여기시나니"(롬 4:5).

그렇습니다. 예수를 믿으면 의롭다 함을 얻습니다.


## 왜 예수를 믿으면 의롭다 함을 얻는가

### 불법이 사함을 받고 죄가 가리어짐

"불법이 사함을 받고 죄가 가리어짐을 받는 사람들은 복이 있고" (롬 4:7).

예수를 믿으면 불법이 사함을 받고 그 죄가 가리어집니다. 여기서 불법은 하나님이 우리 인간에게 명하신 계명들을 어긴 것으로, 불법과 죄는 동일합니다. 그래서 사도 요한은 요한일서 3장 4절에서 "죄를 짓는 자마다 불법을 행하나니 죄는 불법이라"고 말했습니다.

우리 중에 죄를 짓지 않고 살아온 사람이 있습니까? 우리 중에 죄와 무관한 사람이 있습니까? 성경은 '모든 사람이 죄인이다'라고 말하고 '의인은 없나니 한 사람도 없다'고 말합니다. 그런데 우리가 예수를 믿으면 모든 죄가 사함을 받습니다.

"우리의 모든 죄를 사하시고"(골 2:13b).

여기서 중요한 것은 '모든 죄'입니다. 우리가 예수를 믿을 때 하나님은 우리가 알고 있고 고백한 그 죄만 사해 주시는 것이 아니라 모든 죄를 사하십니다. 이 모든 죄에는 과거에 지은 죄, 현재에 짓고 있는 죄, 심지어는 미래에 지을 죄, 드러난 죄, 드러나지 않은 죄, 알고 지은 죄, 모르고 지은 죄 등 하나님이 보실 때 죄라고 생각되는 모든 것이 포함됩니다. 우리가 예수를 믿으면 이 모든 죄를 사함 받습니다.

### 주님이 그 죄를 인정하지 않으심

왜 예수를 믿으면 의롭다 함을 얻습니까? 주님이 그 죄를 인정하지 않으시기 때문입니다.

"주께서 그 죄를 인정하지 아니하실 사람은 복이 있도다 함과 같으니라"(롬 4:8).

죄를 인정하지 않으신다는 말은 한 번도 죄를 지어 본 경험이 없는 사람으로 간주하신다는 것입니다. 죄인이었다는 사실조차도 인정하시지 않겠다는 것입니다. 그래서 시편 기자는 "동이 서에서 먼

것같이 우리의 죄과를 우리에게서 멀리 옮기셨으며"(시 103:12)라고 말했습니다. 이사야 선지자 역시 "내 모든 죄를 주의 등 뒤에 던지셨나이다"(사 38:17b)라고 했습니다. 무슨 말입니까? 하나님이 우리의 죄를 다시 기억하지 않으신다는 것입니다.

왜 하나님은 우리의 모든 죄를 사하시고, 우리의 죄를 기억지도 않으시고, 우리의 죄를 죄로 인정하지 않으시는 것일까요? 그것은 예수님이 인간의 몸을 입고 이 땅에 오사 십자가 위에서 우리의 모든 죗값을 치르셨기 때문입니다. 예수님은 2천 년 전 시간과 공간을 초월해서 우리의 모든 죄를 담당하시고 온갖 수치와 고난과 형벌을 받으시고 마침내 죽으셨습니다. 죄는 그냥 사라지는 것이 아닙니다. 누군가 반드시 내가 지은 죄에 대해 값을 치러야 합니다. 그것을 주님이 대신 지불하신 것입니다.

예수님은 십자가 위에서 내가 받을 수치를 대신 담당하셨습니다. 내가 지옥에서 받을 형벌을 대신 받으시고 죽음을 당하셨습니다. 그리고 이렇게 외치셨습니다.

"다 이루었다"(요 19:30).

이 말의 뜻이 무엇입니까? "테텔레스 타이"라는 말로 '값을 지불했다, 완불했다, 청산했다'는 것입니다. 이렇게 예수님이 우리의 모든 죗값을 치르셨기에 누구든지 예수를 믿으면 죄 사함을 받고 의롭다 함을 얻게 되는 것입니다. 더 나아가 하나님과의 관계가 회복되었기에 하나님과 화목하게 되고 하나님의 자녀가 될 수 있는 것입니다.

이 모든 축복은 예수를 믿음으로만 이루어집니다. 하지만 사람들은 여전히 이 사실을 받아들이지 못합니다. 그래서 하나님은 이렇게 말씀하셨습니다.

"일한 것이 없이 하나님께 의로 여기심을 받는 사람의 복에 대하여"(롬 4:6).

로마서 4장에는 일하는 자(4절)와 일하지 않는 자(5절)가 나옵니다. 일하는 자는 율법을 지켜 행함으로 구원을 얻으려는 자를 말합니다. 인간의 행위를 통해서 의롭다 함을 얻으려는 자를 말합니다. 대부분의 사람들은 선을 행하고 공로를 쌓고 경건하게 살아야 죄를 용서받고 천국에 들어간다고 생각합니다. 반면에 일하지 않는 자는 스스로의 노력이 아닌 오직 하나님의 은혜로 구원을 얻는 자를 말합니다. 그런데 하나님은 누가 의롭다 함을 얻는다고 말씀하셨습니까? 일하지 않는 자가 하나님으로부터 의롭다 함을 얻는다고 말씀하셨습니다.

구원받기 위해 해야 할 일은 아무것도 없습니다. 왜냐하면 예수님이 인간의 몸을 입고 오셔서 다 이루셨기 때문입니다. 우리는 예수를 믿기만 하면 됩니다.

그렇다면 예수 그리스도를 믿는다는 것은 무엇을 말합니까? 예수를 믿는다는 것은 내가 죄인이며 예수 그리스도가 바로 나의 죄를 대신해서 십자가에 달려 죽으시고 부활하셨음을 입으로 시인하는 것입니다.

"네가 만일 네 입으로 예수를 주로 시인하며 또 하나님께서 그를 죽은 자 가운데서 살리신 것을 네 마음에 믿으면 구원을 받으리라"(롬 10:9).

이제 마음의 문을 열고 예수님을 영접하십시오. 입술로 예수를 주로 시인하십시오. 그러면 당신의 모든 죄가 사함을 받을 것입니다. 죄와 죽음의 법에서 해방될 것입니다. 하나님의 자녀가 될 것입니다. 당신의 인생 가운데 최고의 기적이 일어날 것입니다. 세상에 이보다 더한 축복이 있을까요? 그래서 하나님은 구원받은 자를 향해서 "너는 행복한 사람이로다 여호와의 구원을 너같이 얻은 백성이 누구냐"(신 33:29)라고 말씀하신 것입니다.

하나님이 말씀하시는 행복의 기준은 바로 구원입니다. 그러므로 당신이 오늘 구원을 받으면 당신은 지금 행복할 수 있습니다. 이것은 객관적으로도 증명된 사실입니다. 미국 갤럽에서 '어떤 사람이 가장 행복한가?'라는 여론 조사를 했는데 놀랍게도 가장 많은 사람이 '생생한 하나님에 대한 체험을 경험한 자가 가장 행복하다'라고 대답했습니다. 반면에 가장 불행한 사람은 '밤낮 술집에서 보내는 사람'이라는 통계가 나왔습니다.

이제 마음의 문을 열고 예수님을 받아들이십시오. 당신의 마음은 당신만이 열 수 있습니다. 예수님을 당신의 마음에 받아들였다면 이제 입술을 열어 예수 그리스도를 시인하십시오. 당신은 아무 일 한 것 없이 의롭다 함을 얻게 될 것입니다. 당신의 인생 가운데 최

고의 기적이 일어날 것입니다. 그리고 당신은 죄 사함을 받은 자로
서 가장 행복한 사람으로 이 땅을 살아가게 될 것입니다.


✚ 의로운 사람은?

1. 하나님과의 관계가 회복된 사람입니다.
2. 불법이 사함을 받고 죄가 가려져 주님이 그 죄를 인정하지 않
   으시는 사람입니다.
3. 아무 일한 것 없이 의롭다 함을 얻는 사람입니다.

하나님은 주를 높이기 위해 성공조차 바닥에 내려놓고
무릎 꿇은 사람을 정상에 올려 주신다.

_ 글렌 존슨

# 11
# 하나님이
# 기억하시는 사람이 되라
(행 10:1-4)

---

하나님은 경건한 사람을 찾으신다

---

## 하나님이 기억하시는 사람

인생을 살다 보면 시간이 지나도 잊히지 않고 기억나는 사람이 있습니다. 성경을 보면 하나님의 사람 다윗도 죽음의 순간까지 잊지 않고 기억되는 사람이 있었습니다. 열왕기상 2장을 보면 다윗은 죽음의 순간이 임박해 오자 아들 솔로몬을 불러 유언적 명령을 남깁니다. 어떤 명령일까요? 다윗 자신이 죽거든 개인적 원한으로 아브넬을 죽인 요압과 다윗이 피난을 떠날 때 저주했던 시므이를 반드시 제거해서 평안이 스올에 내려가지 못하게 하라는 것입니다. 다시 말해, 평안이 죽지 못하게 하라는 것입니다. 반면 압살롬의 낯을 피해서 도망갈 때 도움을 준 바르실래의 아들들에게는 은총을 베풀어 후대하라고 했습니다. 이를 보면 다윗이 그동안 이 사람들을 잊지 않고 항상 기억하고 있었음을 알 수 있습니다.

그런데 전지전능하신 하나님에게도 특별히 기억되는 사람이 있습니다. 고넬료가 그런 사람이었습니다. 고넬료가 기도할 때 환상 중에 천사가 나타나 이렇게 말합니다.

"천사가 이르되 네 기도와 구제가 하나님 앞에 상달되어 기억하신 바가 되었으니"(행 10:4b).

천사는 고넬료의 기도와 구제가 하나님 앞에 상달되어 하나님이 기억하신 바가 되었다고 했습니다. 기억하신 바가 되었다는 것은 하나님이 고넬료의 기도와 구제만을 기억하셨다는 말이 아닙니다. 기도와 구제를 통해 고넬료가 하나님의 기억하신 바가 되었다는 것입니다. 이것을 보면 고넬료는 특별히 하나님이 기억하시는 사람이었습니다. 그렇다면 고넬료는 어떤 사람일까요?


## 로마 군대의 백부장


"가이사랴에 고넬료라 하는 사람이 있으니 이달리야 부대라 하는 군대의 백부장이라"(행 10:1).

가이사랴는 헤롯 대왕이 로마의 가이사 아구스도를 기념해서 세운 도시입니다. 로마가 통치할 때 유대의 행정 수도이기도 했습니다. 그랬기에 그곳에는 로마 총독의 주둔지가 있었고 약 천 명에 달하는 로마의 군인들이 주둔하고 있었습니다.

고넬료는 그중 100명의 로마 군인들을 지휘하던 로마 군대의 백부장이었습니다. 당시 로마의 군대는 일당백이라 할 정도로 용맹스럽고 충성된 군인들로 구성되어 있었습니다. 그러므로 점령지에서 로마 군대의 백부장은 하늘에 나는 새도 떨어뜨릴 만큼의 파워와 권세를 가지고 있었습니다.


## 경건한 사람

그런데 성경은 그를 경건한 사람이라고 말씀합니다.

"그가 경건하여 온 집안과 더불어 하나님을 경외하며"(행 10:2a).

사실 로마 군대의 백부장은 경건의 이미지와는 거리가 먼 사람입니다. 점령군으로 와 있는 것이었기에 마음만 먹으면 언제든지 술을 마실 수 있고 기생 파티도 열 수 있습니다. 이권에 개입할 수도 있고 다른 사람을 못살게 할 수도 있습니다. 일제 식민지 시절 우리나라에 와 있던 일본 형사들을 생각해 보십시오. 그들이 얼마나 나쁜 짓을 많이 했습니까. 약탈을 일삼고 독립군의 정보를 얻어내기 위해 무수한 사람들을 잡아 가두고 고문했습니다. 일본 형사가 얼마나 무서웠는지, 아이들이 울 때 어르신들이 일본 형사가 와서 잡아간다고 하면 울던 아이도 울음을 그쳤습니다. 그런데 로마 군대의 백부장은 일본 형사와는 비교할 수 없을 정도의 막강한 파워와 권세를 가지고 있었습니다. 그럼에도 불구하고 그는 성경에 경건한 사람으로 기록되었습니다.

## 하나님 앞에서의 경건

성경을 보면 우리가 생각하는 경건과 하나님이 생각하시는 경건은 다릅니다. 사람들은 경건의 모양만을 가지고 그 사람의 경건을 평가하지만 주님은 경건의 모양이 아닌 경건의 능력으로 그 사람의 경건을 평가하십니다.

예수님은 율법을 가르치고 지켜 행함으로 자칭 의인이라 여겼던 바리새인들과 서기관들을 한 번도 경건한 사람이라고 말씀하지 않으셨습니다. 도리어 외식하는 자들이라고, 회칠한 무덤이라고 책망하셨습니다. 또 예수님은 거룩한 예복을 입고 성전에서 제사를 집례하는 제사장들을 경건한 사람으로 평가하지 않으셨습니다. 도리어 그들을 강도의 굴혈을 만드는 자라고 책망하셨습니다. 그러면 하나님이 말씀하시는 하나님 앞에서의 경건은 무엇일까요?

### 하나님을 경외하는 것

하나님이 말씀하시는 최고의 경건은 바로 하나님을 경외하는 것입니다.

"그가 경건하여 온 집안과 더불어 하나님을 경외하며"(행 10:2a).

고넬료는 로마 군대의 백부장으로 이방인이었지만 그는 온 집안과 더불어 하나님을 경외했습니다. 로마 군대의 지휘관으로서 자신들이 점령해서 지배하고 있는 나라의 종교를 믿고 받아들인다는 것은 있을 수 없는 일입니다. 더구나 황제 숭배 사상이 강조되고 있던 그 시대에 로마 군대의 지휘관이 하나님을 믿는다는 것은 곧 로마 황제에 대한 반역으로 여겨져 목숨까지도 잃어버릴 수 있는 위험한 일이었습니다. 그런데 그는 유대인들이 믿는 하나님을 믿었고 온 집안과 더불어 하나님을 경외했습니다.

　하나님을 경외한다는 것은 무엇을 의미합니까? 이는 하나님을 향한 거룩한 두려움을 말합니다. 하나님을 무서워하거나 겁을 내는 것이 아니라, 하나님을 너무나 사랑하기에 늘 하나님을 의식하고 하나님 앞에서의 삶을 사는 것입니다. 고넬료는 이방인이었고 로마 군대의 백부장이었지만 늘 하나님을 의식하고 하나님 앞에서의 삶을 산 것입니다. 다시 말하면, 코람데오의 삶을 산 것입니다. 더구나 자신뿐 아니라 온 집안과 더불어 하나님을 경외했습니다. 만일 고넬료가 점령지에서의 자신의 인기나 지휘관으로서 좋은 평판을 얻기 위한 정치적인 목적으로 개종을 했다면 그는 온 집안으로 더불어 하나님을 경외하지 않았을 것입니다. 가끔 정치인들을 보면 가족들의 종교를 자신의 입지를 강화하는 데 이용하는 경우가 있습니다. 예를 들면, 자신은 성당에 다니고, 부인은 절에 다니고, 자식은 교회에 다니도록 합니다. 그런데 고넬료는 온 집안으로 더불어 하나님을 경외했습니다.

## 많이 구제하는 것

하나님 앞에서의 경건은 또한 구제를 많이 하는 것입니다.

"백성을 많이 구제하고"(행 10:2b).

백부장 고넬료는 군대의 지휘관이었지만 백성을 많이 구제했습니다. 어쩌다 생각나면 가끔 구제한 것이 아니라 많이 구제했습니다. 당시 로마의 군인들이나 관료들은 자신의 지위를 이용해서 식민지 백성들을 착취했습니다. 하지만 고넬료는 로마 군대의 백부장이었음에도 불구하고 많은 사람들을 구제했습니다. 이것이 바로 하나님 앞에서의 경건인 것입니다. 사람들은 구제를 구제라고 말하지 경건이라고 말하지 않습니다. 그런데 하나님은 구제를 경건이라고 말씀하십니다.

"하나님 아버지 앞에서 정결하고 더러움이 없는 경건은 곧 고아와 과부를 그 환난 중에 돌보고 또 자기를 지켜 세속에 물들지 아니하는 그것이니라"(약 1:27).

야고보는 고아와 과부를 그 환난 중에 돌보는 것을 하나님 앞에서 정결하고 더러움이 없는 경건이라고 했습니다.

## 항상 기도하는 것

하나님이 말씀하시는 경건, 하나님 앞에서의 경건은 하나님에게 항상 기도하는 것입니다.

"하나님께 항상 기도하더니"(행 10:2c).

항상 기도했다는 말은 시간을 정해 놓고 하루에 세 번씩 기도했음을 말합니다. 경건한 유대인들은 조상들의 신앙 전통을 좇아 하루 세 번 시간을 정해 놓고 기도했습니다. 성경을 보면 다니엘이 그랬고, 베드로 역시 하루에 세 번 시간을 정해 놓고 기도했습니다. 사도행전 3장을 보면 "제 구 시 기도 시간에" 성전에 기도하러 들어가다가 나면서부터 앉은뱅이 된 자를 일으켜 세웠습니다. 고넬료 역시 경건한 유대인들처럼 하루에 세 번 시간을 정해 놓고 기도했습니다. 그래서 낮에 드리는 '제 구 시 기도 시간'에 기도하다 환상을 보았던 것입니다. 여기서 '구 시'는 유대인들이 낮에 드리는 기도의 시간으로 오후 3시를 말합니다.

"하루는 제 구 시쯤 되어 환상 중에 밝히 보매"(행 10:3a).

하나님 앞에서의 경건은 항상 기도하는 것입니다. 왜 기도가 하나님 앞에서의 경건일까요? 항상 기도하는 자가 세속에 물들지 않을 수 있기 때문입니다. 항상 기도하는 자가 시험에 들지 않기 때문입니다. 항상 기도하는 자가 하나님의 음성을 들을 수 있으며, 하나님의 선하시고 기뻐하시고 온전하신 뜻을 분별할 수 있기 때문입니다. 무엇보다 항상 기도하는 자가 주님을 닮아 갈 수 있기 때문입니다.

우리도 성경의 앞선 이들처럼 시간을 정해 놓고 기도할 수 있어야 합니다. 기도의 거룩한 습관이 있는 자가 시험에 들지 않고 하나님의 손에 붙들린 바 되어 멋지고 아름다운 인생을 살기 때문입니다.

## 환상 중에 나타난 천사

이렇게 고넬료가 제 구 시, 우리 시간으로 오후 3시에 기도하고 있을 때 환상을 보았습니다.

"하루는 제 구 시쯤 되어 환상 중에 밝히 보매 하나님의 사자가 들어와 이르되 고넬료야 하니"(행 10:3).

환상 중에 하나님의 사자가 나타나 "고넬료야" 하며 기도 중에 있는 자신의 이름을 부른 것입니다. 갑자기 환상 가운데 천사를 보게 되었으니 얼마나 두려웠겠습니까. 그래서 고넬료는 "주여 무슨 일이니이까"라고 물었습니다.

"고넬료가 주목하여 보고 두려워 이르되 주여 무슨 일이니이까"(행 10:4a).

## 하나님 앞에 상달되는 기도와 구제

그러자 천사가 이렇게 말했습니다.

"천사가 이르되 네 기도와 구제가 하나님 앞에 상달되어 기억하신 바가 되었으니"(행 10:4b).

천사는 고넬료에게 그의 기도와 구제가 하나님 앞에 상달되어 기억하신 바 되었다고 말했습니다. "상달되어"는 '위로 올라간다'는 뜻입니다. 이것을 보면 기도와 구제는 이 땅에서 끝나는 것이 아니라 하나님 앞에 상달되는 것입니다. 요한계시록은 우리의 기도가 어떻게 하나님에게 상달되는지를 잘 설명해 줍니다.

"그 두루마리를 취하시매 네 생물과 이십사 장로들이 그 어린 양 앞에 엎드려 각각 거문고와 향이 가득한 금대접을 가졌으니 이 향은 성도의 기도들이라"(계 5:8).

천사가 향이 가득한 금대접을 가지고 하늘로 올라가 어린 양의 보좌 앞에 엎드려 있는데 그 금대접에 담긴 향이 바로 성도의 기도들이었습니다. 우리가 이곳에서 기도하면 천사는 그 기도를 금대접에 담아 하나님 앞에 상달되게 하는 것입니다. 이를 통해 하나님이 우리의 기도를 얼마나 소중히 여기시는지를 알 수 있습니다.

구제 역시 마찬가지입니다. 예수님은 작은 자 중 하나에게 냉수 한 그릇 대접한 것도 잊지 않고 상을 주시겠다고 말씀하셨습니다.

"이 작은 자 중 하나에게 냉수 한 그릇이라도 주는 자는 내가 진실로 너희에게 이르노니 그 사람이 결단코 상을 잃지 아니하리라"(마 10:42).

이 말씀은 주님이 우리의 작은 선행을 잊지 않고 기억하신다는 것입니다. 남모르게 구제하고 힘든 가운데서도 가난한 사람들과 선교사님들을 돕는 것, 주님이 잊지 않고 기억하신다는 것입니다. 고넬료의 기도와 구제가 하나님에게 상달되어 하나님이 기억하신 것처럼 우리의 기도와 구제도 반드시 하나님에게 상달되어 하나님이 기억하신 바가 될 것입니다.

선을 행하다 낙심하지 마십시오. 남들이 알아주지 않는다고 포기하지 마십시오. 기도의 응답이 더디다고 기도를 쉬지 마십시오.

## 신앙생활에는 균형이 중요하다

고넬료는 백성을 많이 구제하고 항상 기도했던 사람입니다. 이것을 보면 고넬료는 신앙과 삶이 균형을 잘 이루고 있는 사람이었습니다. 어떤 사람은 기도는 많이 하지만 삶 속에서 그리스도의 사랑을 실천하지 못한 채 살아갑니다. 또 어떤 사람은 사랑의 실천은 잘 하는데 기도는 별로 하지 않습니다. 그런데 고넬료는 항상 기도를 드렸고 구제도 많이 했습니다.

신앙생활은 하나님 사랑, 이웃 사랑입니다. 하나님을 사랑하는 구체적인 행위가 기도고, 이웃을 사랑하는 구체적인 행위가 바로 구제입니다. 고넬료는 기도와 구제를 통해서 하나님을 사랑하고 이웃을 사랑하는 두 계명을 다 지켜 행한 것입니다. 신앙생활에는 균형이 참 중요합니다. 고넬료는 기도와 구제를 통해 신앙과 삶, 하나님 사랑과 이웃 사랑이라는 균형을 잘 이루었습니다.


## 하나님이 기억하시는 사람이 되라

성경을 보면 하나님은 모든 사람을 기억하시지만 특별히 기억하시는 사람이 있습니다. 이사야 43장 26절을 보면 하나님은 이스라엘 백성들의 죄를 지적하시면서 "너는 나에게 기억이 나게 하라"고 말씀하셨습니다. 전지전능하신 하나님에게도 특별히 기억되는 사람이 있다는 것입니다. 우리가 이 세상을 살아가면서 하나님에게 특별히 기억되는 사람이 된다면 그보다 더한 축복이 어디 있겠습니까. 그러면 어떻게 해야 우리도 하나님에게 특별히 기억되는 사람이 될 수 있을까요?

## 선을 많이 행하라

그것은 선을 많이 행하는 것입니다. 고넬료가 왜 하나님에게 특별히 기억되는 사람이 되었습니까? 백성을 많이 구제했기 때문입니다. 왜 우리가 선을 많이 행해야 합니까? 구원을 얻기 위해서입니까? 아닙니다. 우리는 은혜에 의해서 오직 믿음으로 구원받았습니다. 그렇다면 아무렇게나 살아야 할까요? 아닙니다. 우리는 은혜로 구원받았기에 더더욱 선을 많이 행해야 합니다. 사도 바울은 이렇게 말했습니다.

"우리는 그가 만드신 바라 그리스도 예수 안에서 선한 일을 위하여 지으심을 받은 자니"(엡 2:10a).

무슨 말입니까? 하나님이 우리를 지으시고 구원하신 목적이 바로 선한 일을 행하도록 하기 위함이라는 것입니다. 그러므로 우리가 은혜로 구원을 받았다면 그 은혜에 감격해서 다른 사람보다 더 많은 선한 일을 행하며 살아야 합니다. 하나님이 특별히 기억하시는 사람이 되기를 원한다면 선을 많이 행해야 합니다.

하나님의 얼굴을 구하는 자가 하나님이 기억하신 바가 되는 것입니다. 하나님의 얼굴을 구한다는 것은 곧 기도를 말합니다. 고넬료가 왜 하나님에게 기억하신 바가 되었습니까? 그가 시간을 정해놓고 항상 기도했기 때문입니다. 하나님은 기도의 무릎을 꿇고 당신의 얼굴을 구하는 자를 기억하십니다.

히스기야 왕은 죽을병이 들어 죽게 되었을 때 간절히 눈물로 기도했습니다. 그때 하나님은 이렇게 말씀하셨습니다.

"내가 네 기도를 들었고 네 눈물을 보았노라"(왕하 20:5b).

이 말씀은 하나님이 기도하는 히스기야를 기억하셨다는 말입니다. 히스기야는 이 기도로 15년의 생명을 연장 받았습니다. 하나님이 기억하시니 죽음에서 생명을 연장 받는 기적의 응답을 받은 것입니다.

민수기를 보면 하나님이 대적을 치기 위해 출전할 때 나팔을 크게 불라고 말씀하십니다. 그리고 이 약속을 주십니다.

"그리하면 너희 하나님 여호와가 너희를 기억하고 너희를 너희의 대적에게서 구원하시리라"(민 10:9b).

왜 전쟁터로 나가면서 나팔을 불면 하나님이 기억하시고 구원하시겠다고 말씀하셨을까요? 전쟁에 나가면서 나팔을 부는 것이 하나님의 도우심을 구하고 하나님을 신뢰하겠다는 신앙의 고백이요, 기도이기 때문입니다. 그러므로 영적 전쟁 가운데 있는 우리도 날마다 기도의 나팔을 불어야 합니다.

어느 날 아내와 함께 롯데 월드 몰 앞을 지나가다가 우리 교회 집사님 한 분을 뵈었습니다. 간단하게 인사를 하고 지나갔는데 집사 님이 다시 저희 쪽으로 뛰어왔습니다. 목사님 만나기도 어려운데 기도를 부탁하기 위해 다시 달려왔다며, 자신의 딸의 이름을 말하 며 딸을 위해서 기도해 달라고 했습니다. 그날 저녁 아내와 저는 그 집사님을 기억하며 그 딸을 위해 기도했습니다. 목사인 저도 누군 가 자주 나타나 기도를 부탁하면 그를 기억하며 기도하게 되는 것 입니다. 이렇게 기도를 통해서 자주 하나님의 얼굴을 구하는 자가 하나님으로 기억나게 하는 사람이 되는 것입니다.

누가 하나님에게 기억하신 바가 됩니까? 고넬료처럼 선을 많이 행하고 항상 기도를 통해서 하나님의 얼굴을 구하는 자입니다. 하 나님을 경외하는 경건한 자입니다. 이 땅에서 나그네 인생을 사는 동안 고넬료처럼 선을 많이 행하고 항상 기도로 주님의 얼굴을 구 해서 특별히 하나님이 기억하시는 사람으로 살아가야 합니다.


✘ 경건한 사람은?

1. 하나님을 의식하고 하나님 앞에서의 삶을 사는 사람입니다.
2. 하나님에게 기도와 구제를 올려드리는 사람입니다.
3. 하나님에게 기억되는 삶을 사는 사람입니다.

내가 순종하는 이유는
주님을 내 편으로 만들기 위함이 아니라
주님과 이미 한편이기 때문이다.

_ 존 파이퍼

# 12
# 성령의 인도하심을 받는 사람이 되라

(행 10:5-8, 17-20)

---

## 하나님은 성령을 구하는 사람을 찾으신다

---

### 하나님이 기억하시는 사람

우리는 앞에서 하나님에게 기억하신 바 되었던 고넬료에 대해 살펴봤습니다. 고넬료는 어떤 사람이었습니까? 고넬료는 로마 군대의 백부장이었습니다. 하지만 그는 경건한 사람이었고 온 집안으로 더불어 하나님을 경외했습니다. 뿐만 아니라 기도와 구제를 통해서 하나님 사랑과 이웃 사랑을 잘 실천했던 사람입니다.

고넬료는 제 구 시에 기도하던 중 환상을 보았습니다. 환상 중에 나타난 천사는 "네 기도와 구제가 하나님 앞에 상달되어 기억하신 바가 되었으니"(행 10:4b)라고 말했습니다. 그리고 이어서 "네가 지금 사람들을 욥바에 보내어 베드로라 하는 시몬을 청하라"(5절)라고 했습니다. 그러면서 천사는 지금 베드로가 묵고 있는 위치까지 정확하게 가르쳐 주었습니다.


## 욥바로 보냄을 받은 자들

이렇게 천사로부터 "베드로라 하는 시몬을 청하라"는 말을 들은 고넬료는 지체하지 않았습니다. 즉시 집안 하인 둘과 부하 가운데 경건한 사람 하나를 불러 천사가 자신에게 한 말을 다 이르고 그들을 욥바로 보냈습니다.

"마침 말하던 천사가 떠나매 고넬료가 집안 하인 둘과 부하 가운데 경건한 사람 하나를 불러 이 일을 다 이르고 욥바로 보내니라"(행 10:7-8).

가이사랴에서 욥바까지는 대략 50킬로미터 정도의 거리입니다. 50킬로미터는 적어도 12시간 이상 걸어야 도달할 수 있는 거리입니다. 그런데 9절을 보면 그들은 이 거리를 걸어서 다음 날 정오에 욥바에 도착했습니다. 하지만 그들은 불평하지 않았습니다. 이를 통해 볼 때 고넬료로부터 보냄을 받은 그들은 성경에 그 이름이 기록되어 있지 않지만 충성되고 성실한 사람들이었습니다. 이렇게 충성되고 헌신된 사람들이 있었기에 이방인인 백부장 고넬료가 복음을 듣고 이방인 중에 최초로 그리스도인이 된 것입니다.

그동안 고넬료는 유대인들이 믿는 하나님을 믿었습니다. 예수 그리스도를 알지도 못하고 믿지도 않았습니다. 그런데 보냄을 받은 이들의 충성과 헌신에 의해 베드로를 청해서 복음을 듣게 되었고 이방인으로서 제1호 그리스도인이 되었습니다. 뿐만 아니라 이들의 충성과 헌신에 의해 고넬료의 온 가족과 친척, 친구들이 성령을 받고 예수를 믿게 되는 놀라운 역사가 일어난 것입니다.

하나님은 언제나 사람을 통해 당신의 뜻을 이루십니다. 이것이 하나님의 일하시는 방식이기 때문입니다. 사도행전 11장을 보면 예루살렘 교회에 가해진 핍박으로 흩어진 무명의 평신도들에 의해 복음이 베니게와 구브로와 안디옥까지 전파되었고, 세계 선교의 전진기지인 안디옥 교회가 세워졌습니다.

한국 교회도 마찬가지입니다. 이 땅의 수많은 교회 안에는 이름도 없이 빛도 없이 충성되고 헌신된 무명의 평신도들이 참 많이 있습니다. 이렇게 충성되고 헌신된 성도들이 있기에 다음 세대를 세우고 주님 오실 길을 예비하는 선교적 사명을 감당하고 있는 것입니다.

우리 또한 고넬료에 의해 보냄을 받았던 사람들처럼 충성되고 헌신된 하나님의 사람들이 되어야 합니다. 우리의 충성과 헌신을 통해 하나님의 거룩하신 뜻이 이 땅 가운데 이루어질 것입니다.

## 베드로가 본 환상

이제 베드로가 기도 중에 본 환상에 대해서 생각해 봅시다.

"이튿날 그들이 길을 가다가 그 성에 가까이 갔을 그때에 베드로가 기도하려고 지붕에 올라가니 그 시각은 제 육 시더라"(행 10:9).

베드로가 기도하기 위해 지붕으로 올라간 시간이 언제입니까? 제 육 시, 우리나라 시간으로 말하면 정오 12시입니다. 그러니까 베드로는 고넬료가 보낸 자들이 그 성에 가까이 이르렀던 그 정오의 시간에 기도를 하기 위해 지붕으로 올라간 것입니다.

베드로는 왜 기도하기 위해 지붕으로 올라간 것일까요? 우리나라의 지붕은 눈과 비가 잘 흘러내리도록 하기 위해 경사가 졌지만 당시 팔레스타인의 지붕은 평탄하게 되어 있었습니다. 그래서 베드로는 다른 사람들로부터 방해를 받지 않고 기도하기 위해 지붕으로 올라간 것입니다.

이렇게 베드로가 정오에 지붕에 올라가 기도하고 있을 때 하늘이 열리며 하늘로부터 내려오는 환상을 보았습니다.

"하늘이 열리며 한 그릇이 내려오는 것을 보니 큰 보자기 같고 네 귀를 매어 땅에 드리웠더라"(행 10:11).

베드로가 본 환상이 무엇입니까? 하늘이 열리며 하늘로부터 한 그릇이 내려오는데 그것이 큰 보자기 같았습니다. 큰 보자기 같았다는 것은 하늘에서 내려온 한 그릇이 매우 컸음을 말합니다. 그 큰 보자기 안에는 무엇이 있었습니까?

"그 안에는 땅에 있는 각종 네 발 가진 짐승과 기는 것과 공중에 나는 것들이 있더라"(행 10:12).

그 큰 보자기 안에는 소, 말, 돼지, 개, 여우와 같은 네 발 가진 짐승이 들어 있었습니다. 또 뱀, 개구리, 악어, 지렁이 같은 기는 것들이 들어 있었습니다. 또 독수리, 학, 참새 같은 공중에 나는 것들이 들어 있었습니다. 이 짐승들은 유대인들이 전통적으로 부정하게 여기는 것들이었습니다.


## 일어나 잡아먹어라

베드로가 그 큰 보자기 안에 있는 부정한 짐승들을 보고 있을 때 "베드로야 일어나 잡아먹어라" 하는 소리가 들려왔습니다.

"또 소리가 있으되 베드로야 일어나 잡아먹어라 하거늘"(행 10:13).

그러자 베드로는 즉각 거부했습니다.

"베드로가 이르되 주여 그럴 수 없나이다 속되고 깨끗하지 아니한 것을 내가 결코 먹지 아니하였나이다 한대"(행 10:14).

왜 베드로가 그럴 수 없다며 거부했습니까? 그것은 큰 보자기 안에 있던 것들이 부정한 짐승들이었기 때문입니다. 그런데 또다시 음성이 들려왔습니다.

"하나님께서 깨끗하게 하신 것을 네가 속되다 하지 말라"(행 10:15).

하나님이 깨끗하게 하신 것을 속되다 하지 말라는 것입니다. 이런 일이 세 번 있은 후 그 그릇이 곧 하늘로 올라갔습니다.

"이런 일이 세 번 있은 후 그 그릇이 곧 하늘로 올려져 가니라"(행 10:16).

이것을 보면 전통과 편견이 얼마나 무서운 것인가를 알 수 있습니다. 그러면 보자기 안에 있는 이런 짐승들을 일어나 잡아먹으라는 것은 무엇을 의미합니까? 너희들이 속되다 생각하고 혐오스럽게 생각하며 개처럼 취급하는 저 이방인들에게도 나아가 복음을 전하라는 것입니다.

무슨 말입니까? 이방인들도 복음을 듣고 구원을 받아야 할 백성이라는 것입니다. 복음은 유대인만이 아니라 바로 온 인류에게 증거되어야 한다는 것입니다. 분명히 예수님은 온 천하 만민에게 복음을 전하라고 말씀하셨습니다. 그리고 "오직 성령이 너희에게 임하시면 너희가 권능을 받고 예루살렘과 온 유대와 사마리아와 땅끝까지 이르러 내 증인이 되리라"(행 1:8)고 말씀하셨습니다. 그런데 유대인들은 자신들만이 아브라함의 후손이라고 생각해서 이방인들을 개처럼 취급했습니다. 상종도 하지 않았습니다. 아니, 지옥의 불쏘시개 정도로 생각했습니다. 유대인들은 선민인 자신들에게만 성령이 임하고 자신들만 구원을 받는다고 생각했습니다. 심지어는 사도들조차도 이방인들이 구원받을 수 있다는 사실을 믿지 않았습니다.

## 편견을 버리라

하나님은 이 환상을 통해 이방인에게는 구원이 없다는 베드로의 편견을 깨뜨리셨습니다. 《웹스터 사전》에 보면 '편견'이란 '미리 정해진 판단'이라고 되어 있습니다. 편견이 사라지지 않으면 복음을 온전히 전할 수 없습니다. 왜 나사렛 사람들이 다른 지역의 사람들보다 예수를 믿지 않았습니까? 예수가 가난한 목수의 아들이었다는, 나는 예수의 어린 시절을 알고 있다는 이 편견 때문이었습니다. 왜 요나가 니느웨로 가지 않고 욥바로 내려가 다시스로 가는 배를 탔습니까? 원수의 나라 니느웨 사람들은 구원을 받으면 안 된다는 편견 때문이었습니다. 하지만 빌립은 편견을 깨고 사람들이 상종도 하기 싫어하는 사마리아 성으로 들어가 복음을 전했습니다. 왜냐하면 편견보다 그들의 영혼을 사랑했기 때문입니다.

그런데 베드로와 유대인들에게만 편견이 있는 것이 아닙니다. 우리에게도 '저 사람은 안 돼'라는 편견이 있습니다. '저 사람은 나보다 돈도 많고 나보다 많이 배운 사람이기 때문에 내가 전하는 복음을 받아들이지 않을 거야', '저 사람의 집안은 대대로 내려온 불교 집안이니까', '저 사람은 무당의 아들이니까', '저 사람은 내 돈 떼먹은 사람이고 예수 믿어도 사기 칠 사람이니까', '저 사람은 입만 열면 교회를 비난하고 기독교를 비판하는 사람이니까' 등등의 편견 말입니다.

우리는 이런 여러 편견 때문에 복음을 전하지 못하고 포기할 때가 많습니다. 우리 스스로 마음에 복음의 담을 쌓을 때가 있습니다. 그런데 주님은 말씀하십니다. "일어나 잡아먹어라." 이 말은 편견을 버리라는 것입니다. 편견 없이 영혼을 사랑하라는 것입니다. 아무리 보기 싫은 사람일지라도, 아무리 쳐다보기도 싫을 만큼 역겨운 사람이라 할지라도 그 영혼도 구원받아야 할 영혼이라는 것입니다.

편견은 우리의 영안을 어둡게 만들고 진리를 진리 되지 못하게 합니다. 사람에 대한 편견, 지역에 대한 편견, 인종에 대한 편견을 다 내려놓으십시오. 예수님은 편견을 버리고 사람을 대하셨습니다. 그래서 바리새인의 지도자가 안식일에 자기의 집에 초대했을 때 거절하지 않으시고 응하셨습니다. 바리새인들과 예수님은 늘 좋은 관계가 아니었지만 그 초대에 응하신 것이었습니다. 이것을 통해 예수님은 모든 사람들을 편견 없이 대하셨음을 우리가 알 수 있습니다.

예수님은 이 땅에 계실 때 언제나 가난하고 병든 자들을 가까이 하시고 많은 시간을 세리와 창기들과 함께 보내셨습니다. 그래서 세리와 창기들의 친구라는 말을 들으셨습니다. 그렇다고 해서 돈 있고 지위 있는 자들은 멀리하셨습니까? 아닙니다. 그들이 교만해서 예수님을 멀리했지 예수님 스스로 그들을 멀리하신 적은 없으십니다.

예수님은 오늘날 사회주의 운동권에서 부르짖는 것처럼 돈 있는 자들을 부르주아라고 해서 그들을 혁명의 대상, 타도의 대상으로 보지 않으셨습니다. 예수님은 모든 사람들을 편견 없이 대하셨습니다. 부정하다고 생각하는 짐승을 보여 주신 후 "일어나 잡아먹어라" 하신 것은 우리가 가진 모든 편견을 내려놓고 복음을 전하라는 말입니다.


## 성령의 인도하심

백부장 고넬료와 베드로의 만남부터 그의 친척과 친구들까지 예수를 믿고 성령을 받게 된 것은 꼭 영화 속 한 장면처럼 보입니다. 이를 통해 우리는 철저한 성령의 인도하심에 따라 한 치의 착오도 없이 이 모든 일이 이루어졌음을 알 수 있습니다. 그렇다면 어떻게 성령의 인도하심을 따라 이 모든 일들이 이루어졌는지를 살펴보겠습니다.

먼저 베드로와 고넬료가 보낸 사람들의 만남이 어떻게 이루어졌습니까? 베드로가 자신이 본 환상에 대해 의아해하고 있을 때 고넬료가 보낸 사람들이 자신이 유숙하고 있는 집을 찾아왔습니다.

"마침 고넬료가 보낸 사람들이 시몬의 집을 찾아 문밖에 서서 불러 묻되 베드로라 하는 시몬이 여기 유숙하느냐 하거늘"(행 10:17b-18).

고넬료가 보낸 사람이 욥바에 도착할 무렵 베드로가 기도하던 중에 이 환상을 보게 된 것이 우연일까요? 아니, 베드로가 이 환상을 보고 "일어나 잡아먹으라"는 음성을 듣고 의아해하고 있을 때 50킬로미터나 멀리 떨어져 있는 사람들이 정확히 자신이 머무는 집에 찾아와 자신을 찾게 된 것이 우연일까요? 결코 아닙니다. 그래서 성경은 "마침"이라는 표현을 쓰고 있는 것입니다.

베드로가 그 환상을 보고 의아해하며 많은 생각에 잠겨 있을 때 이번엔 성령의 음성이 들려왔습니다.

"베드로가 그 환상에 대하여 생각할 때에 성령께서 그에게 말씀하시되 두 사람이 너를 찾으니 일어나 내려가 의심하지 말고 함께 가라 내가 그들을 보내었느니라"(행 10:19-20).

베드로가 환상을 보고 '이게 뭐지?'라고 생각할 때 성령이 말씀하셨습니다. 두 사람이 너를 찾으니 의심하지 말고 함께 가라는 것입니다. 그러면서 "내가 그들을 보내었느니라"고 말씀하셨습니다. 이 모든 일이 우연이 아니라 성령의 인도하심에 따라 이루어지고 있다는 것입니다.

이렇게 성령의 인도하심을 따라 베드로와 고넬료로부터 보냄을 받은 사람들의 만남이 이루어졌고, 이 만남으로 인해 마침내 베드로가 고넬료의 집을 방문함으로 이들의 역사적인 만남이 이루어졌습니다. 그리고 베드로가 전하는 복음을 듣고 고넬료와 그 가정에 모여 있던 모든 사람들이 성령을 받고 예수를 믿게 되었습니다.

하나님은 이방인인 고넬료와 그 친척과 친구들을 구원하시기 위해 고넬료가 기도할 때 환상을 보게 하시고는 천사를 통해서 즉시 욥바에 사람을 보내어 베드로를 청하도록 했습니다. 고넬료가 보낸 사람들이 욥바에 이르렀을 때, 베드로 역시 기도하던 중에 어떤 환상을 보았습니다. 환상을 보고 의아해하고 있을 때 고넬료가 보낸 사람들이 자신을 찾아왔습니다. 그리고 그때 성령이 '그들은 내가 보낸 사람이니 의심하지 말고 그들과 함께 가라'고 말씀하셨습니다.

우리의 구원도 마찬가지입니다. 어떻게 하다 보니 예수를 믿게 된 것이 아닙니다. 하나님은 우리를 구원하시기 위해 누군가로 하여금 기도하게 하시고 가장 적절한 때에 만나게 하셨습니다. 그리고 그 어느 순간 복음을 듣게 하셨고, 예수를 영접하게 하셨습니다. 그래서 바울은 "성령으로 아니하고는 누구든지 예수를 주시라 할 수 없느니라"(고전 12:3b)고 했습니다.


## 성령의 인도하심을 받는 사람이 되라

성령으로 말미암아 구원받고 하나님의 자녀가 된 우리는 이제 성령의 인도하심을 따라 살아야 합니다. 출애굽 한 이스라엘 백성들이 광야를 거닐 때 구름 기둥과 불기둥의 인도를 받았던 것처럼 구원받은 우리는 늘 성령님의 인도하심을 따라 살아야 합니다. 바울은 "무릇 하나님의 영으로 인도함을 받는 사람은 곧 하나님의 아들이라"(롬 8:14)고 했습니다. 누가 하나님의 아들입니까? 교회를 다닌다고 해서 하나님의 아들이 아닙니다. 하나님의 아들은 성령의 인도하심을 받는 사람입니다.

성경을 보면 하나님의 사람들은 한결같이 성령의 인도하심을 따라 살았습니다. 사마리아 성에서 복음을 전하던 빌립 집사는 성령의 음성을 듣고 광야로 나아가 에디오피아 여왕 간다게의 국고를 맡은 내시에게 복음을 전했고, 그래서 복음이 아시아에서 아프리카로 건너가게 되었습니다. 안디옥 교회 역시 금식하며 기도하다 성령이 시키는 대로 바나바와 사울을 따로 세워 안수한 다음 선교사로 파송했습니다.


## 누가 성령의 인도하심을 받는가

성경을 보면 모든 하나님의 사람들이 성령의 인도하심을 받는 것은 아닙니다. 그렇다면 누가 성령의 인도하심을 받습니까?

### 기도하는 사람

성령의 인도하심을 받는 사람은 기도의 사람입니다. 고넬료는 기도하다가 환상을 보았고 천사의 지시를 받았습니다. 베드로 역시 지붕에 올라가 기도하다가 환상을 보았고 성령의 음성을 들었습니다. 만일 고넬료가 기도하지 않았다면, 베드로가 기도하지 않았다면 성령의 인도하심을 받을 수 있었을까요? 두 사람 모두 시간을 정해 놓고 기도하다가 성령의 인도하심을 받았습니다.

강원도 태백에 가면 대천덕 신부님이 세우신 예수원이 있습니다. 1957년에 한국에 오신 대천덕 신부님은 성 마이클 신학교(현 성공회대학교) 학장으로 부임하셔서 6.25 전쟁으로 무너진 신학교를 재건하는 일을 맡았습니다. 6년쯤 지났을 무렵 "하나님, 얼마 동안 제가 여기 신학교에 머물러야 합니까?"라고 물었을 때 "사임하라"는 성령의 음성을 들었습니다. "주님, 갈 곳도 없고 비행기 삯도 없이 아내와 아이를 부양해야 할 가장으로서 아내와 한마디 상의도 없이 자기 직업을 포기하는 남자는 없습니다!" 그때 성령님은 "네 아내의 문제는 내가 책임지마. 너는 사표를 내라"고 말씀하셨습니다.

주교를 통해서 남편의 사임 소식을 들은 아내 제인은 달력을 펴 놓고 언제 성령님으로부터 그 음성을 들었느냐고 물었습니다. 그런데 놀라운 사실은 아내 제인에게도 성령님이 그날 동일한 생각을 갖게 하셨다는 것입니다. 성령님이 그날 대천덕 신부와 아내 제인에게 동일한 마음과 생각을 주신 것입니다. 그래서 현재 예수원이 있는 그곳에 군용 텐트를 치고 공동체를 시작하게 된 것입니다.

대 신부님은 매일 새벽 4시에 기상해서 원어 성경으로 QT와 성경 연구를 하셨고, 매일 아침 30분 이상 한 시간을 방언으로 기도하며 성령의 인도하심을 따라 상담과 강의와 예배를 인도하셨다고 합니다. 뿐만 아니라 '오늘 만나는 사람에게 제가 무슨 말을 해야 할까요?' 이렇게 구체적으로 성령의 인도하심을 받으셨다고 합니다. 그렇습니다. 성령님은 우리를 인도하는 영이십니다. 그러므로 성령의 인도하심을 받으려면 반드시 기도의 무릎을 꿇어야 합니다.

### 순종하는 사람

백부장 고넬료는 즉시 사람을 욥바에 보내어 베드로 시몬을 청하라는 천사의 지시를 받고 곧바로 순종했습니다. 베드로 역시 성령님의 음성을 듣고 자신을 찾아온 이방인들을 만났습니다. 그리고 그들과 함께 올라가 로마 군대의 백부장인 고넬료와 그 친척과 친구들을 만났습니다.

만일 고넬료가 순종하지 않았다면 어떻게 되었을까요? 만일 베드로가 순종하지 않았다면 어떻게 되었을까요? 성령의 음성을 듣고 순종했기에 역사적인 만남과 구원받는 역사가 일어난 것입니다.

성령님의 인도하심을 따라 살기를 원하십니까? 그렇다면 기도의 무릎을 꿇으십시오. 말씀하시는 대로 순종하십시오. 순종하면 할수록 성령의 역사하심을 더 많이, 더 풍성하게 경험하게 될 것입니다. 왜냐하면 하나님이 주시는 모든 축복은 순종을 통해서 주어지기 때문입니다.

우리는 성령의 인도하심을 따라 살아야 합니다. 성령의 인도하심

을 따라 살아가면 이뤄질 수 없는 만남이 이루어지고 상상할 수 없
는 놀라운 일들이 일어납니다. 매일매일 성령이 행하시는 놀라운
일들을 보게 될 것입니다.

★ 성령을 구하는 사람은?

1. 기도의 무릎을 꿇는 사람입니다.
2. 내 생각과 달라도 하나님 말씀에 순종하는 사람입니다.
3. 기도와 순종으로 성령의 인도하심을 따라 살아가는 사람입니다.

성경을 올바로 읽으면
그것이 예수 그리스도를 가리킨다는 것을 깨닫게 된다.
_ 트렌트 C. 버틀러

# 13
# 말씀을 사모하는
# 사람이 되라
(행 10:21-33)

---

하나님은 말씀을 사모하는 사람을 찾으신다

---

## 고넬료에 대한 사람들의 평가

기도 중에 환상을 보고 성령의 음성을 들었던 베드로는 고넬료가 보낸 사람을 만난 후 이렇게 묻습니다.

"내가 곧 너희가 찾는 사람인데 너희가 무슨 일로 왔느냐"(행 10:21b).

그러자 고넬료에 의해 보냄을 받은 사람들이 이렇게 말합니다.

"백부장 고넬료는 의인이요 하나님을 경외하는 사람이라 유대 온 족속이 칭찬하더니 그가 거룩한 천사의 지시를 받아 당신을 그 집으로 청하여 말을 들으려 하느니라"(행 10:22).

보냄을 받은 그들은 묻지도 않았는데 자신의 주인 고넬료에 대해 의인이며 하나님을 경외하는 사람이며 유대 온 족속이 칭찬하는 사람이라고 소개했습니다.

우리는 고넬료에 대한 하나님의 평가를 살펴봤습니다.

"그가 경건하여 온 집안과 더불어 하나님을 경외하며 백성을 많이 구제하고 하나님께 항상 기도하더니"(행 10:2).

고넬료는 하나님만이 아니라 자신의 하인과 부하들로부터도 인정과 칭찬을 받았습니다. 그는 하나님과 사람의 평가가 일치하는 사람이었습니다. 그런데 이런 사람 되는 게 쉽지 않습니다.

어떤 사람은 교회에서 구제도 잘하고 봉사도 잘하고 예배도 잘 드려서 굉장히 믿음 좋은 사람으로 평가를 받습니다. 그런데 직장에서는 간사한 사람, 이기적인 사람, 돈밖에 모르는 사람, 술을 좋아하고 놀기를 좋아하는 사람으로 평가를 받습니다. 또 어떤 사람은 밖에서는 인자하고 누군가를 잘 도와주고 법 없이도 살 수 있는 사람처럼 보입니다. 그런데 가정에서는 아내를 무시하고 자녀들에게 폭언과 폭력을 일삼는 그런 못된 사람도 있습니다.

예전에 저희 교회에서 '엘리베이터'라는 스킷 드라마를 한 적이 있었습니다. 직장 생활하는 두 자매가 점심시간에 식사를 마치고 돌아오다 정전이 되어 엘리베이터 안에 갇히게 되었습니다. 그때 두 자매가 갇힌 엘리베이터 안에서 대화를 나누기 시작합니다. 한 자매가 말합니다. "우리 교회에 박 장로님이라는 분이 계시는데 너무나 선하시고 인자하셔서 꼭 예수님 같아요. 다음 주일에 교회에 오면 그 장로님을 볼 수 있으니 우리 교회에 한번 와 보세요." 그러자 다른 자매가 말합니다. "우리 회사엔 박 과장이라는 분이 계시는데 얼마나 못됐는지, 꼭 지옥에서 출장 나온 사람 같아요. 모두들 가급적 얼굴을 마주치지 않으려고 피해 다녀요." 그때 다시 전기가 들어오면서 엘리베이터 문이 열립니다. 그리고 그 앞에 서 있는 한 사람을 보며 한 자매는 "장로님!", 또 한 자매는 "과장님!"이라고 외칩니다.

그리스도인의 이중성을 고발하는 스킷 드라마입니다. 교회 안에서의 모습과 세상 속에서의 모습, 평일의 모습과 주일의 모습, 가정에서의 모습과 직장에서의 모습이 다르다는 것입니다. 그런데 고넬료는 자신을 가장 가까이에서 섬기는 하인과 부하로부터 의인이요, 하나님을 경외하는 자, 온 유대 족속이 칭찬하는 자라는 평가를 받았습니다.

한 사람에 대한 진정한 평가는 가장 가까이 있는 사람으로부터 어떤 평가를 받고 있느냐에 달려 있습니다. 밖에서 아무리 인정과 존경을 받아도 가장 가까이 있는 사람들로부터 인정받지 못한다면 그 평가는 아무 의미가 없는 것입니다.

그렇다면 당신은 가족들로부터 어떤 평가를 받고 있습니까? 당신의 자녀는 당신을 어떻게 평가하고 있을까요? 당신의 아내는, 당신의 남편은 당신을 어떻게 평가할까요? 당신 때문에 예수를 믿지 않겠다며 떠난 사람은 없습니까? 사실 전도를 해 보면 예수님 때문에 예수를 믿지 않겠다는 사람은 거의 없습니다. 대부분 예수 믿는 사람들 꼴 보기 싫어서 예수를 안 믿겠다고 말합니다.

성경을 보면 하나님의 사람들은 하나님뿐 아니라 주변 사람들로부터도 좋은 평가를 받았습니다. 심지어 자신을 죽이려고 한 원수로부터도 '하나님이 함께하시는 사람'이라는 평가를 받았습니다. 이삭, 요셉, 다니엘과 그 세 친구들이 바로 그런 평가를 받았습니다.

우리는 하나님만이 아니라 세상 사람들로부터, 아니 가장 가까운 가족들로부터 진짜 그리스도인이라는 인정을 받을 수 있어야 합니다. 더 나아가 하나님이 함께하시는 사람으로 평가 받을 수 있어야 합니다.


## 고넬료를 찾아간 베드로


고넬료가 보낸 사람을 만난 베드로는 그들을 불러들여 유숙하게 했습니다. 그리고 이튿날 일어나 그들과 함께 고넬료가 있는 가이사랴를 향해서 떠났습니다.

"베드로가 불러들여 유숙하게 하니라 이튿날 일어나 그들과 함께 갈새 욥바에서 온 어떤 형제들도 함께 가니라"(행 10:23).

당시 유대인들은 이방인을 개처럼 취급하고 상종도 하지 않았습니다. 그들을 아예 지옥의 불쏘시개 정도로 생각했습니다. 그러니 사도 중에 사도인 베드로가 이방인 중의 이방인으로 자신들을 지배하고 다스리는 점령군의 지휘관을 찾아가 복음을 전한다는 것은 현실적으로 있을 수 없는 일이었습니다. 그래서 베드로는 고넬료를 만났을 때 이렇게 말합니다.

"이르되 유대인으로서 이방인과 교제하며 가까이하는 것이 위법인 줄은 너희도 알거니와 하나님께서 내게 지시하사 아무도 속되다 하거나 깨끗하지 않다 하지 말라 하시기로 부름을 사양하지 아니하고 왔노라"(행 10:28-29a).

유대인으로서 이방인인 당신을 만나는 것이 위법인 줄 알면서도 하나님이 지시하셨기 때문에 "부름을 사양하지 아니하고 왔노라"고 말했습니다. 이제 베드로는 자신이 지켜 온 전통보다도 하나님의 말씀과 그 말씀에 순종하는 것이 더 중요하다는 것을 깨닫게 된 것입니다. 아무리 오랫동안 지켜 온 전통이라 할지라도 하나님의 말씀이 아니라고 한다면 그것을 과감히 내려놓을 수 있어야 합니다. 베드로는 오랫동안 지켜 온 모든 전통을 내려놓고 하나님의 말씀에 순종하기 위해서 이방인인 고넬료의 집을 향해 나아간 것입니다.


말씀을 사모하며 기다림


마침내 베드로 일행은 이튿날 고넬료의 집에 도착했습니다. 도착해서 보니 고넬료는 그의 친척과 가까운 친구들을 모아 놓고 베드로를 기다리고 있었습니다.

"이튿날 가이사랴에 들어가니 고넬료가 그의 친척과 가까운 친구들을 모아 기다리더니"(행 10:24).

돈을 주는 것도 잔치를 베푸는 것도 아닙니다. 그렇기 때문에 베드로의 말을 듣도록 하기 위해 가까운 사람들을 불러 모은다는 것은 결코 쉬운 일이 아닙니다. 더구나 베드로가 확실히 언제 도착한다는 기약도 없는 상황에서 사람들을 자신의 집으로 불러 모아 함께 기다린다는 것은 정말 어려운 일입니다. 그런데 사람들은 "우리 함께 모여 베드로의 말씀을 듣자"는 고넬료의 요청을 거절하지 않았습니다. 그것은 그만큼 고넬료가 사람들과 좋은 관계를 맺고 의롭고 경건한 삶을 살아왔기 때문입니다. 생각해 보십시오. 고넬료가 평소에 친척들과 담을 쌓고 지냈다면, 거짓말이나 하고 남의 돈이나 떼먹으며 권력을 이용해서 이권에 개입하고 돈을 갈취했다면, 누가 그의 초청에 응답하겠습니까.

이것을 보면 우리의 삶이 참 중요합니다. 복음을 위해서 인생을 살려면 사람들과 좋은 관계를 맺어야 합니다. 원수를 맺거나 담을 쌓고 살아서는 안 됩니다. 뿐만 아니라 의롭고 경건하게 살아야 합니다. 욕심 부리지 말고 늘 흘려보내는 삶을 살아야 합니다.

가끔 새 가족 환영회 때 "나를 인도한 사람의 모습이 항상 밝고 평안해 보여서, 한결같은 삶의 모습이 너무 아름답게 보여 나도 저렇게 늙고 싶고 저렇게 살고 싶어 교회에 오게 되었다"고 말씀하시는 분들이 있습니다. 이처럼 우리 삶의 모습이 중요합니다.

고넬료는 자신만이 아니라 가까운 친척과 친구들도 베드로의 말을 듣기를 원했습니다. 그래서 그들을 집으로 초대해 함께 베드로를 기다렸습니다. 사실 누군가를 집으로 초대한다는 것은 쉬운 일이 아닙니다. 손님 한 사람만 와도 얼마나 번거롭고 해야 할 일이 많습니까. 그런데 고넬료는 영적 지도자인 베드로의 말을 듣기 위해 가까운 친척과 친구들을 집으로 불러 모아 기다렸습니다.

여기서 '기다린다'는 말은 헬라어로 '프로스도카오'인데 이 말은 단순한 기다림이 아니라 인간이 메시아를 기다리는 것처럼 간절히 기다릴 때 쓰는 단어입니다. 그러니까 고넬료는 하나님의 음성 듣기를 간절히 사모하는 마음으로 사람들을 자기의 집으로 초대해서 꼬박 하루 이상을 기다리고 있었던 것입니다.

예전에 성도들의 가정을 심방해 보면 목사님을 통해 하나님이 우리 가정에 어떤 말씀을 주실지 기대가 되어 밤에 잠을 이루지 못했다는 분들이 계셨습니다. 그런데 그렇게 말씀의 은혜를 사모하며 기다린 분들은 역시 말씀을 듣는 태도가 다릅니다.


## 고넬료가 엎드려 절함

베드로가 마침내 그 집에 도착했을 때 고넬료는 발 앞에 엎드려 절을 했습니다.

"마침 베드로가 들어올 때에 고넬료가 맞아 발 앞에 엎드리어 절하니"(행 10:25).

고넬료는 베드로가 들어올 때 악수나 목례가 아니라 마치 신적인 존재나 로마 황제를 대하듯 그 발 앞에 엎드려 절을 했습니다. 사실 고넬료는 로마 군대의 백부장으로 유대 나라를 지배하고 다스리는 점령군의 지휘관입니다. 반면 베드로는 예수님의 수제자요 사도라고 하지만 얼마 전까지만 해도 갈릴리 바다에서 고기를 잡던 어부에 불과했습니다. 인간적으로 보면 엎드려 절을 해야 할 사람은 고넬료가 아니라 베드로입니다. 그런데 로마 군대의 백부장인 고넬료가 베드로의 발 앞에 엎드려 절을 한 것입니다.

고넬료는 왜 그렇게 했을까요? 베드로의 인격이 훌륭하거나 성품이 좋아서가 아닙니다. 베드로가 예수님의 제자로서 유명해서도 아닙니다. 자신이 기도 중에 본 환상과 천사의 지시 때문입니다.

"네가 지금 사람들을 욥바에 보내어 베드로라 하는 시몬을 청하라"(행 10:5).

베드로를 청하라는 말은 단순히 만나만 보라는 것이 아니라 하나님이 베드로를 통해서 자신에게 전해 주시고자 하는 말씀이 있다는 것입니다. 따라서 고넬료가 베드로 앞에 엎드려 절을 한 것은 그만큼 자신에게 하나님의 말씀을 전하는 자를 존귀하게 여겼다는 것입니다. 사도 바울도 갈라디아서 6절 6절에서 "가르침을 받는 자는 말씀을 가르치는 자와 모든 좋은 것을 함께하라"고 했습니다.

더 나아가 고넬료는 베드로에게 하나님이 자신에게 말씀하고자 하시는 진리와 생명의 말씀이 있음을 보았습니다. 고넬료는 "주께서 당신에게 명하신 모든 것을 듣고자 하여 다 하나님 앞에 있나이다"(행 10:33)라고 했습니다. 이것을 보면 고넬료는 베드로 때문이 아니라 베드로를 통해서 주시는 하나님의 말씀과 그 말씀에 대한 사모함 때문에 그 발 앞에 엎드려 절을 한 것입니다.

## 나도 사람이라

고넬료가 이렇게 자신의 발 앞에 엎드려 절을 할 때 베드로는 어떻게 반응했습니까?

"베드로가 일으켜 이르되 일어서라 나도 사람이라 하고"(행 10:26).

베드로는 고넬료를 일으켜 세우며 "나도 사람이라"고 했습니다. 베드로는 그 순간을 즐기며 자신의 신적 권위를 내세우지 않았습니다. 자신의 신분을 망각하지 않았습니다. 베드로가 누구입니까? 한 번에 3천 명을 회개시킨 사람입니다. 그의 손에 의해 수많은 사람들이 고침을 받았습니다. 아니, 그의 기도로 다비다라는 한 여인은 죽음에서 다시 살아났습니다. 하지만 그는 자신이 하나님이 아닌 사람임을 망각하지 않았습니다.

베드로만 그랬습니까? 바울도 그랬습니다. 사도행전 14장을 보면 루스드라라는 곳에서 나면서 걷지 못한 사람을 고치자 사람들이 몰려들어 그를 신으로 떠받들려 했습니다. 그러자 바울이 무리 가운데 뛰어들어 자신의 옷을 찢으며 소리를 질렀습니다.

"어찌하여 이러한 일을 하느냐 우리도 여러분과 같은 성정을 가진 사람이라"(행 14:15a).

아무리 하나님의 손에 붙들린 바 되어 쓰임을 받는 종이라 할지라도 자신이 하나님이 아닌 사람임을 알아야 합니다. 자신의 신분을 분명히 알아야 합니다. 그리고 하나님에게만 모든 영광과 경배를 올려 드려야 합니다. 아무리 사람들이 박수치고 환호해도, 아무리 놀라운 능력이 나타나도 예수님의 말씀처럼 "우리는 무익한 종이라 우리가 하여야 할 일을 한 것뿐이라"(눅 17:10b)는 생각을 가져야 합니다. 그래야 평생 동안 하나님의 손에 붙들린 바 되어 쓰임받을 수 있습니다. 왜 사람들이 반짝 쓰임 받다가 버림을 받습니까? 자신의 신분을 망각하고 하나님의 영광을 가로채기 때문입니다.

## 주께서 명하신 모든 것을 듣고자

베드로를 만난 고넬료는 왜 그들이 지금 그곳에 모여 있는지를 이렇게 설명했습니다.

"이제 우리는 주께서 당신에게 명하신 모든 것을 듣고자 하여 다 하나님 앞에 있나이다"(행 10:33b).

고넬료는 왜 그들과 함께 이 자리에 모여 있다고 말합니까? 사람의 말이 아니라 주님이 베드로에게 명하신 모든 것을 듣고자 하여 모여 있다는 것입니다. 주님이 베드로를 통해 주시는 그 모든 말씀을 듣고자 이렇게 사모하는 마음으로 기다리고 있다는 것입니다. 고넬료는 베드로의 입을 통해서 선포되는 말씀을 사람의 말이 아닌 하나님의 말씀으로 알았습니다.

데살로니가 교회 성도들 또한 말씀을 그렇게 받았습니다.

"하나님의 말씀을 받을 때에 사람의 말로 받지 아니하고 하나님의 말씀으로 받음이니 진실로 그러하도다 이 말씀이 또한 너희 믿는 자 가운데에서 역사하느니라"(살전 2:13).

데살로니가 교회 성도들은 말씀을 받을 때 사람의 말로 받지 않고 하나님의 말씀으로 받았습니다. 그랬더니 어떤 일이 일어났습니까? 그 말씀이 믿는 자 가운데서 역사하기 시작했습니다. 그렇습니다. 선포되는 말씀을 하나님의 말씀으로 받으면 그 말씀이 믿는 자 가운데서 역사하기 시작합니다.

마귀는 수단과 방법을 가리지 않고 말씀을 하나님의 말씀이 아닌 사람의 말로 받게 합니다. 이것이 사탄의 전략입니다. 최근 이런 글들을 많이 봅니다. "당신은 목사의 설교를 지금도 하나님의 말씀으로 믿고 있습니까?" 목사의 설교는 결코 하나님의 말씀이 아니라는 것입니다. 분명히 기억하십시오. 목사가 강단에서 하나님의 말씀을 근거로 그 말씀을 해석하고 선포한다면 그것은 그 시간 하나님이 내게 주시는 말씀이 되는 것입니다. 그런데 사탄은 하나님의 말씀을 사람의 말로 둔갑시켜 그 말씀을 생명의 말씀으로 받지 못하게 합니다.

예수님은 하나님 나라의 비밀을 씨 뿌리는 비유를 통해 말씀하셨습니다. 하나님의 말씀인 씨가 길가에 떨어지자 어떤 일이 벌어졌습니까?

"공중의 새들이 먹어 버렸고"(눅 8:5b).

공중의 새가 먹어 버렸습니다. 이 새가 바로 마귀입니다.

"길가에 있다는 것은 말씀을 들은 자니 이에 마귀가 가서 그들이 믿어 구원을 얻지 못하게 하려고 말씀을 그 마음에서 빼앗는 것이요"(눅 8:12).

마귀가 하는 주된 일은 하나님의 말씀이 뿌리내리지 못하도록 그 말씀을 빼앗는 것입니다. 마귀는 말씀의 능력을 압니다. 말씀의 권세를 압니다. 하나님의 말씀을 들으면 죽은 영혼이 살아나고, 죄책감에 시달리는 자가 자유함을 얻게 되고, 믿음이 자라고 영혼이 힘을 얻는다는 것을 압니다. 이것을 알기에 마귀는 오늘도 수단과 방법을 가리지 않고 말씀의 씨앗이 우리의 마음 밭에 떨어지지 못하도록 우리를 혼미하게 하고 의심하며 졸게 만드는 것입니다.


## 다 하나님 앞에 있나이다

이어서 고넬료는 더 놀라운 고백을 했습니다.

"이제 우리는 주께서 당신에게 명하신 모든 것을 듣고자 하여 다 하나님 앞에 있나이다"(행 10:33b).

고넬료는 주님이 베드로를 통해서 선포하시는 그 말씀이 곧 하나님의 말씀임을 믿었습니다. 그래서 코람데오, 하나님 앞에서 신전의식을 가지고 말씀을 들었습니다.

당신은 어떻습니까? 당신은 하나님의 말씀을 받기 위해 하나님 앞에 서 있습니까? 코람데오, 하나님 앞에서 말씀을 받고 있습니까? 분명한 사실은 하나님의 나라는 말씀을 받는 태도와 직결되어 있다는 것입니다. 영적인 은혜와 성장은 말씀을 간절히 사모하는 자에게 임한다는 것입니다. 어느 순간 믿음의 성장이 멈췄습니까? 말씀을 듣는 태도를 점검해 보십시오.

느헤미야 8장 5-6절을 보면 백성들은 광장에 모여 있고 제사장 에스라가 율법 책을 낭송합니다. 그때 광장에 모인 모든 백성들이 일제히 일어섰습니다. 그리고 모든 백성이 그 말씀 앞에 아멘으로 응답하며 몸을 굽혀 얼굴을 땅에 대고 여호와를 경배했습니다. 그리고 울기 시작했습니다. 시편 107편 9절을 보면 하나님은 "사모하는 영혼에게 만족을 주시며 주린 영혼에게 좋은 것으로 채워 주심이로다"라고 했습니다. 하나님은 사모하는 영혼을 만족하게 하시고 주린 영혼에게 좋은 것으로 채워 주십니다.

우리는 목마른 사슴이 시냇물을 찾기에 갈급한 것처럼 하나님의 말씀을 그렇게 사모해야 합니다. 그래야 믿음이 성장하고 그 말씀이 믿는 자 가운데서 역사하는 것을 볼 수 있습니다.

### ✈ 말씀을 사모하는 사람은?

1. 말씀을 듣기 위해 자신의 시간을 기꺼이 드리는 사람입니다.
2. 하나님의 일꾼을 통해 선포되는 말씀을 하나님의 말씀으로 받는 사람입니다.
3. 말씀을 받기 위해 코람데오, 하나님 앞에 서 있는 사람입니다.

가장 힘들고 절망적일 때,
그때야말로 하나님에게 나아갈 때다.
_ 앤 그레이엄 로츠

# 14
# 하나님과
# 화평을 누리자

(행 10:36, 43; 롬 5:1)

## 하나님은 화평한 사람을 찾으신다

하나님의 섭리와 성령의 인도하심을 따라 고넬료의 가정을 방문한 베드로는 가장 먼저 자신의 깨달음을 설교했습니다. 이는 하나님이 사람의 외모를 보지 않으신다는 것이었습니다(행 10:34). 또 하나는 하나님이 유대인뿐 아니라 어떤 민족, 어떤 사람일지라도 하나님을 경외하며 의를 행하는 자는 모두 받으신다는 것이었습니다. 한마디로 하나님은 구별하시나 차별하지는 않으신다는 것이었습니다.


### 하나님과 원수 된 인간에게 전해진 화평의 복음

이어서 베드로는 화평의 복음을 설교했습니다.

"만유의 주 되신 예수 그리스도로 말미암아 화평의 복음을 전하사"(행 10:36a).

사도 베드로는 하나님이 만유의 주 되신 예수 그리스도를 통해서 화평의 복음을 전하셨다고 했습니다. "만유의 주"라는 말은 '모든 만물의 주인이시다'라는 뜻입니다. 그러니까 예수님은 유대인만의 주님이 아니라 '모든 민족, 모든 족속의 주님'이시라는 것입니다. 하나님이 이 만유의 주 되신 예수 그리스도로 말미암아 화평의 복음을 전하셨다는 것입니다.

그렇다면 화평의 복음은 무엇일까요? 하나님과 원수 되었던 관계가 회복되어 하나님과 화목하게 된 것을 말합니다. 다시 말하면, 하나님과의 적대적인 관계를 청산하고 화평하게 된 것을 말합니다.

그런데 이 화평의 복음을 이해하려면 먼저 예수를 믿기 이전의 하나님과 나와의 관계를 알아야 합니다. 우리는 거듭나기 전까지 하나님과 원수 된 관계에 있었습니다. 인류의 시조인 아담이 범죄해서 타락함으로 말미암아 아담의 후손으로 태어난 모든 인간들은 하나님과 원수 된 관계가 되어 버렸습니다.

"곧 우리가 원수 되었을 때에"(롬 5:10a).

"전에 악한 행실로 멀리 떠나 마음으로 원수가 되었던 너희를"(골 1:21).

인간은 이렇게 죄로 인해 하나님과 원수가 되었습니다. 적대적인 관계가 되었습니다. 그러니까 예수를 믿고 구원받기 전까지 모든 인간은 한 사람도 예외 없이 하나님과 원수 된 관계에 있게 된 것입니다.

## 영생 vs. 하나님의 진노

원수 된 관계는 서로 대적하고 대항하는 관계입니다. 그렇기 때문에 하나님과 원수 된 관계에 있는 인간들은 끊임없이 하나님을 대적하고 반항합니다. 사도 바울은 "육신의 생각은 하나님과 원수가 되나니"(롬 8:7a)라고 했습니다. 하나님과 원수 된 관계에 있는 자는 육신의 일과 육신의 생각을 통해서 끊임없이 하나님을 대적하고 십자가의 원수로 행하며 살아간다는 것입니다. 그래서 온갖 음행과 주술과 방탕과 우상 숭배를 통해 거룩하신 하나님을 대적합니다. 온갖 미움과 분 냄을 통해 사랑의 하나님을 대적합니다. 사도 바울도 부활하신 주님을 만나기 전까지 십자가의 원수로 행하는 삶을 살았습니다.

의로우신 하나님은 죄로 인해 하나님과 원수 된 자들에게 당신의 진노를 쏟으실 수밖에 없습니다. 그래서 사도 바울은 하나님과 원수 된 우리를 본질상 진노의 자녀라고 말합니다.

"본질상 진노의 자녀이었더니"(엡 2:3b).

본질상 진노의 자녀란 무엇입니까? 피할 수 없는 하나님의 진노를 반드시 받아야만 하는 그런 자녀가 되었다는 것입니다. 이것이 영생을 얻기 전 우리의 모습입니다. 그래서 예수님은 "아들을 믿는 자에게는 영생이 있고 아들에게 순종하지 아니하는 자는 영생을 보지 못하고 도리어 하나님의 진노가 그 위에 머물러 있느니라"(요 3:36)고 말씀하셨습니다. 예수를 믿는 자는 영생을 얻지만 예수를 믿지 않는 자들은 영생을 보지도 못하고 하나님의 진노가 그 위에 머물러 있다는 것입니다. 여기서 말하는 하나님의 진노는 지옥에서 받을 형벌과 고통만을 말하는 것이 아닙니다. 또 지진이나 전염병으로 인한 재앙만을 말하는 것이 아닙니다. 지금 이 땅에 살면서 경험하게 되는 온갖 두려움과 불안, 미움과 분노와 슬픔과 같은 작은 죽음의 조각들을 말합니다.

그런데 하나님의 진노가 어떤 상태에 있다고 말합니까?

"그 위에 머물러 있느니라."

그 위에 머물러 있다는 것은 언제든지 그 진노가 임할 수 있다는 것입니다. 머리 위에 떠 있는 구름이 언제든지 비를 내릴 수 있는 것처럼 하나님과 원수 된 자 위에 있는 하나님의 진노가 언제든지 임할 수 있는 것입니다. 우리는 하나님과 원수 된 자로 사는 것이 얼마나 무서운 것인가를 알아야 합니다. 하나님 앞에서 진노의 자녀로 사는 것이 얼마나 두려운 것인가를 알아야 합니다. 이것을 아는 자만이 화평의 복음을 받아들일 수 있기 때문입니다.

분명한 사실은, 하나님과 원수 된 것을 인정하지 않고는 그 누구도 하나님과 화목할 수 없다는 것입니다. 이렇게 예수를 믿고 거듭나기 전까지 우리는 하나님과 원수 된 자였고 본질상 진노의 자녀였습니다. 하나님은 당신의 형상대로 지음을 받은 인간들이 당신과 원수 된 자로 살기를 원하지 않으셨습니다. 그래서 만유의 주 되신 예수 그리스도를 이 세상에 보내어 우리의 화목 제물로 세우셨습니다.

"이 예수를 하나님이 그의 피로써 믿음으로 말미암는 화목 제물로 세우셨으니"(롬 3:25a).


## 화목 제물이 되신 예수 그리스도

예수님은 우리의 모든 죄악을 대신 담당하시고 우리를 대신해서 십자가에서 화목 제물로 죽으셨습니다.

"그가 모든 사람을 대신하여 죽으심은"(고후 5:15a).

여기서 중요한 단어는 바로 "대신하여"입니다. 예수님이 대신해서 내 죄를 짊어지고 죽으심으로 말미암아 내 모든 죗값을 치르셨다는 것입니다.

그렇습니다. 예수님은 우리의 모든 죄를 대신 짊어지시고 우리가 받아야 할 수치를 대신 받으셨습니다. 그래서 발가벗김을 당하시고 온갖 조롱과 멸시를 받으셨습니다. 예수님은 우리가 받을 지옥에서의 영원한 형벌과 고통을 대신 받으셨습니다. 목마름의 고통을 당하셨습니다. 죄의 값은 사망이기에 마지막에는 아버지로부터 버림을 당하시는 영적인 죽음과 영혼이 육체를 떠나시는 육체의 죽음을 당하셨습니다. 그리고 마침내 "다 이루었다"(요 19:30)를 외치시고 운명하셨습니다.

앞에서도 말했듯이 "다 이루었다"는 말은 '값을 지불했다, 완불했다, 청산했다'는 뜻입니다. 예수님은 이렇게 십자가 위에서 우리를 대신해서 수치와 형벌을 당하시고 죽으심으로 우리의 모든 죄의 값을 다 지불하셨습니다. 그래서 죄로 말미암아 하나님과 원수 되었던 우리를 하나님과 화목하게 하셨습니다.

"곧 우리가 원수 되었을 때에 그의 아들의 죽으심으로 말미암아 하나님과 화목하게 되었은즉"(롬 5:10a).

이것을 보면 하나님과 우리 사이의 화목은 우리로부터 시작된 것이 아니라 하나님으로부터 먼저 시작되었습니다. 화목은 누가 먼저 손을 내미느냐가 참 중요합니다. 부부 싸움을 하면 누가 먼저 손을 내밉니까? 보통은 믿음 있는 자, 더 성숙한 자가 먼저 손을 내밉니다.

하나님과 인간도 마찬가지입니다. 인간이 죄를 지음으로 하나님과 원수 되었기 때문에 당연히 인간인 우리가 먼저 손을 내밀어 용서와 화목을 구해야 합니다. 하지만 전적으로 타락한 인간에게는 그렇게 할 수 있는 의지도 능력도 없기 때문에 하나님은 독생자 예수 그리스도를 이 땅 가운데 보내 주시어 십자가에서 화목 제물이 되게 하셨습니다. 그래서 예수님은 하나님과의 화평을 위해 하나님과 우리 사이에 원수 된 것, 곧 중간에 막힌 담을 자기 육체로 허물어 버리셨습니다.

"그는 우리의 화평이신지라 둘로 하나를 만드사 원수 된 것 곧 중간에 막힌 담을 자기 육체로 허시고"(엡 2:14).

바울은 중간에 막힌 담을 원수 된 것이라고 했습니다. 그러면 원수 된 것, 곧 중간에 막힌 담은 무엇일까요? 하나님과 우리 사이를 갈라놓은 죄입니다. 율법입니다. 유대인과 이방인을 원수처럼 갈라놓는 차별입니다.


## 예수의 이름을 힘입으라

그렇다면 이제 우리는 어떻게 해야 할까요? 하나님과 원수 된 관계를 청산하고 하나님과 화목해야 하지 않겠습니까? 언제까지 전능하신 하나님과 원수 된 관계를 맺으며 교만하게 살 것입니까? 더 이상 하나님과 원수 된 자로 살지 말고 화목하십시오. 하나님과 화평하십시오. 사도 바울도 하나님과 화목하라고 했습니다.

"그리스도를 대신하여 간청하노니 너희는 하나님과 화목하라"(고후 5:20b).

하나님과 원수 된 관계에 있는 우리가 어떻게 하면 하나님과 화목할 수 있을까요? 본질상 진노의 자녀인 우리가 어떻게 하면 하나님과 화평할 수 있을까요? 그것은 십자가 위에서 화목 제물이 되어 주신 예수 그리스도를 믿는 것입니다. 예수를 믿음으로 죄 사함을 받는 것입니다. 베드로는 고넬료의 가정에서 화평의 복음을 설교할 때 예수 그리스도의 십자가의 죽으심과 부활을 말한 다음 이렇게 말했습니다.

"그에 대하여 모든 선지자도 증언하되 그를 믿는 사람들이 다 그의 이름을 힘입어 죄 사함을 받는다 하였느니라"(행 10:43).

누구든지 예수를 믿기만 하면 모든 사람들이 다 죄 사함을 받는다는 것입니다. 예수를 믿으면 죄를 사함 받고, 죄를 사함 받으면 의롭다 함을 얻게 되고, 의롭다 함을 얻게 되면 하나님과 화목하게 되는 것입니다. 그런데 누가 죄 사함을 받는다고 했습니까?

"그를 믿는 사람들이 다."

예수를 믿기만 하면 한 사람도 예외 없이 다 죄 사함을 받습니다. 어떤 사람은 죄를 적게 지었기 때문에 사함을 받고 어떤 사람은 너무 많은 죄를 지었기 때문에 사함을 받지 못하는 것이 아닙니다. 죄 사함은 우리의 선함과 의로움과 공로로 인해서 받는 것이 아니라 예수의 이름을 힘입음으로 받기 때문입니다.

"그를 믿는 사람들이 다 그의 이름을 힘입어 죄 사함을 받는다 하였느니라"(행 10:43b).

그러면 왜 베드로는 예수를 믿으면 죄 사함을 받는다고 말하지 않고 예수의 이름을 힘입어 죄 사함을 받는다고 했을까요? 그것은 예수의 이름이 예수님의 인격과 사역을 대변하기 때문입니다. 예수의 이름에는 하나님의 아들 되심과 우리를 위해서 십자가에 달려 죽으시고 부활하심으로 우리를 구원하신 모든 사역이 담겨 있습니다. 뿐만 아니라 하나님이 하늘에 있는 자들과 땅에 있는 자들과 땅 아래에 있는 자들로 모든 무릎을 예수의 이름에 꿇게 하셨기 때문입니다.

"하늘에 있는 자들과 땅에 있는 자들과 땅 아래에 있는 자들로 모든 무릎을 예수의 이름에 꿇게 하시고"(빌 2:10).

예수의 이름으로 명하면 귀신이 떠나가고 병든 자가 고침을 받는 것은 이 때문입니다. 그래서 예수님도 만민에게 복음을 전파하라는 지상 명령을 주시면서 "내 이름으로 귀신을 쫓아내며"(막 16:17)라고 말씀하셨습니다. 그리고 70인 전도단도 전도를 마치고 돌아와서 "주여 주의 이름이면 귀신들도 우리에게 항복하더이다"(눅 10:17)라고 보고했습니다.

사도행전 3장을 보면 베드로가 "나사렛 예수 그리스도의 이름으로 일어나 걸으라"(행 3:6b)고 명할 때 나면서부터 앉은뱅이였던 자가 일어나 걷게 되었습니다. 예수의 이름은 우리의 구원이고 우리의 능력입니다. 예수의 이름으로 기도할 때 하나님은 그 기도를 들으시고 응답하십니다. 그래서 예수님도 "너희가 무엇이든지 아버지께 구하는 것을 내 이름으로 주시리라 지금까지는 너희가 내 이름으로 아무 것도 구하지 아니하였으나 구하라 그리하면 받으리니 너희 기쁨이 충만하리라"(요 16:23b-24)고 말씀하셨습니다. 예수의 이름이 구원이고 능력이기에 누구든지 예수를 믿으면 그의 이름을 힘입어 모든 죄를 사함 받는 것입니다.


## 화평의 복을 누리는 은혜


저도 바울처럼 십자가에서 화목 제물이 되어 주신 예수님을 대신해서 간청합니다. 하나님과 화목하십시오. 그래서 하나님과 원수 된 자가 아닌 하나님과 화목한 자로 이 세상을 살아가십시오. 하나님과 화목하면 당신은 지금까지 한 번도 경험하지 못했던 새로운 관계를 경험하게 될 것입니다. 하나님과 원수 되었던 당신이 하나님의 친구가 될 것입니다. 아니, 본질상 진노의 자녀였던 당신이 하나님을 아빠, 아버지라 부르게 될 것입니다. 하나님의 진노가 그 위에 머물러 있어 두려움에 떨던 당신이 세상이 줄 수 없는 하늘의 평안을 누리며 살게 될 것입니다.

이 세상에는 하나님과 원수 된 자와 하나님과 화평한 자, 곧 두 부류의 사람만 있습니다. 아무리 인격이 훌륭하고 법 없어도 살 수 있는 사람이며 끊임없이 가난한 사람을 도와 주변 사람들로부터 칭찬과 존경을 받는다 할지라도 하나님과 화목하지 못했다면 하나님과 원수 된 자입니다. 그러나 하나님과 화목했다면 그 사람은 사람들의 평가와 상관없이 하나님과 화평한 자입니다.

당신은 어떤 사람입니까? 하나님과 원수 된 자입니까, 아니면 하나님과 화평한 자입니까? 우리 모두는 십자가에서 화목 제물이 되신 예수를 믿음으로 죄를 용서받고 하나님과 화목한 자가 되어야 합니다. 더 나아가 하나님과 화평을 누리며 살아야 합니다. 그래서 사도 바울도 우리가 믿음으로 의롭다 하심을 받았다면 "우리 주 예수 그리스도로 말미암아 하나님과 화평을 누리자"라고 했습니다.

"그러므로 우리가 믿음으로 의롭다 하심을 받았으니 우리 주 예수 그리스도로 말미암아 하나님과 화평을 누리자"(롬 5:1).

여기서 "누리자"는 '즐기자'는 말입니다. 하나님과 화목하게 된 우리는 하나님과의 화평을 즐겨야 합니다. 그런데 많은 사람들이 하나님이 주신 화평을 누리지 못합니다. 많은 사람들이 신앙생활을 굉장히 고리타분하고 재미없는 것으로 생각합니다. 또 어떤 사람들은 신앙생활을 무거운 짐으로 생각합니다. 그래서 예수를 믿자고 하면 "예수 믿으면 재미없으니까 지금 실컷 놀고, 지금 실컷 재미 보고 나중에 늙어서 믿겠노라"고 말합니다.

그런데 정말 그럴까요? 예수를 믿고 예수를 따르는 신앙생활이 고리타분하고 재미없을까요? 물론 신앙생활은 자기를 부인하고 자기 십자가를 지고 좁은 길을 걷는 것입니다. 그러나 그것이 신앙생활의 전부는 아닙니다. 신앙생활은 누리는 것입니다. 죄와 죽음의 법에서 해방된 사람으로서 하나님이 주신 자유를 누리고, 하나님의 자녀 된 권세를 누리고, 성령 안에서 하나님 나라의 기쁨과 평안, 구원의 즐거움을 누리는 것입니다.

하나님은 자유와 평안과 구원을, 소망과 기쁨을 주시기 위해 우리를 부르셨습니다. 그러므로 신앙생활은 고리타분한 것이 아닙니다. 마지못해 무거운 짐을 지고 좁은 길을 걷는 삶도 아닙니다. 신앙생활의 핵심은 매임이 아니라 자유입니다. 신앙생활의 핵심은 누림입니다.

이 말은 봉사와 사역을 하지 말라는 것이 아닙니다. 우리는 복음을 위해 살아야 합니다. 사도 바울도 부활의 주님을 만나고 난 이후 "내가 … 무엇을 하리이까"라고 물었습니다. 우리는 해야 할 일이 많습니다. 그러나 그것 역시 누림으로부터 행해져야 합니다. 신앙생활을 누림으로부터 시작하지 않으면 율법적이고 종교적인 사람이 될 수밖에 없기 때문입니다. 누림이 없이는 오래가지 못하기 때문입니다.

특별히 예수를 믿음으로 하나님과 화목하게 된 우리는 우리 주 예수 그리스도로 말미암아 하나님과 화평을 누려야 합니다. 화평을 간직하고만 있지 말고 삶의 현장에서, 기도의 현장에서, 예배의 현장에서 누리며 살아야 합니다.

어리석은 사람이 누구입니까? 가졌지만 누리지 못하고, 즐기지 못하고 사는 사람입니다. 아무리 보배롭고 존귀한 것이라 할지라도 그것을 즐기지 않으면 내 것이 아닙니다. 그러므로 우리는 화평을 누려야 합니다. 화평을 즐겨야 합니다.


이제 그리스도 예수 안에 있는 자


사탄이 나의 죄를 까발리고 그것으로 정죄할 때 "이제 그리스도 예수 안에 있는 자에게는 결코 정죄함이 없나니 … 의롭다 하신 이는 하나님이시니 누가 정죄하리요"(롬 8:1, 33b-34a)라는 말씀을 선포하십시오. 이 말씀으로 사탄의 참소를 이겨 내십시오. 예수님 앞에서 진정으로 그 죄를 회개했다면 더 이상 죄책감에 시달리지 마십시오. 주님이 이미 당신의 죗값을 다 치르셨기 때문입니다. 이렇게 죄책감을 떨쳐 버리고 사탄의 참소를 이겨 내는 것이 예수 그리스도로 말미암아 하나님과 화평을 누리는 것입니다.

우리가 어떠한 환난이나 배신 또는 사업의 실패로 경제적인 어려움 가운데 있을지라도 사람과 환경에 매임당하지 않고 주님의 품 안에서 세상이 줄 수 없는 평안을 누리며 사는 것, 일곱 번 쓰러졌을지라도 은혜의 보좌 앞에 담대히 나아가 아빠, 아버지의 얼굴을 구하는 것, 그래서 하늘 아버지가 공급해 주시는 힘과 능력으로 다시 일어서는 것. 이것이 그리스도 예수로 말미암아 하나님과 화평을 누리는 삶입니다.

### 📌 화평한 사람은?

1. 우리가 구원받기 이전엔 본질상 진노의 자녀였음을 인정하는 사람입니다.
2. 예수님이 우리의 모든 죄악을 대신 담당하시고, 우리를 대신해서 십자가에서 화목 제물로 죽으신 것을 믿는 사람입니다.
3. 하나님이 주신 구원의 즐거움을 누리는 사람입니다.

하나님은 성도의 봉사 이전에
온전한 예배를 원하신다.
_ A. W. 토저

# 15
# 하나님 앞에서 예배하라
(겔 46:9-15)

---

하나님은 예배를 기뻐하는 사람을 찾으신다

---

하나님이 찾으시는 사람은 일하는 사람worker이 아닙니다. 하나님이 찾으시는 사람은 예배하는 사람worshipper입니다. 그런데 하나님은 어떻게 예배하는 자를 찾으십니까?

"하나님은 영이시니 예배하는 자가 영과 진리로 예배할지니라"(요 4:24).

하나님은 영과 진리로 예배하는 자를 찾으십니다. 영과 진리로 예배한다는 것은 성령 안에서 진리로 예배드리는 것을 말합니다. 이는 내가 처한 상황, 나의 연약함, 나의 느낌과 감정과는 상관없이 성령의 인도하심을 따라 하나님과 우리 사이의 유일한 중보자이신 예수의 이름으로 은혜의 보좌 앞에 나아가 예배하는 것입니다.

## 예배란 무엇인가

예배란 무엇일까요? 예배란 하나님과의 만남입니다.

"그러나 모든 정한 절기에 이 땅 백성이 나 여호와 앞에 나아올 때에는"(겔 46:9a).

모든 정한 절기에 왕과 모든 백성이 성전을 향해서 나아왔는데 하나님은 그것을 '나 여호와 앞에 나아오는 것'으로 말씀하십니다. 하나님 앞에 나아온다는 것은 무엇입니까? 하나님을 만나는 것을 말합니다. 그러니까 예배란 곧 하나님을 만나는 것입니다.

예배란 십자가 위에서 화목 제물이 되신 예수 그리스도의 이름으로 하나님 앞에 나아가 그분을 만나는 것입니다. 예배란 습관이 아닙니다. 예배란 형식이나 순서가 아닙니다. 예수의 이름으로 그 은혜의 보좌 앞으로 나아가 살아 계신 하나님을 만나는 것입니다. 그래서 찬양과 경배를 받으시기에 합당하신 그분에게 최고의 경의를 표하는 것입니다. 원어적 의미로도 보면 예배란 하나님을 만나 엎드려 절하고 입을 맞추는 것입니다. 그러므로 예배란 단지 주님의 고난이나 십자가의 죽으심 또는 부활을 기념하는 것이 아닙니다. 주님과의 만남입니다. 이것이 바로 예배입니다.

그러므로 우리는 반드시 하나님 앞에서 예배해야 합니다. 하나님 앞에서 찬양을 드리고 하나님 앞에서 기도를 드리고 하나님 앞에서 말씀을 들어야 합니다. 예배의 사람 다윗은 하나님 앞에서 힘을 다해 찬양했습니다. 하나님의 임재를 상징하는 언약궤를 새 수레에 신고 아비나답의 집을 나올 때 다윗과 이스라엘의 무리들은 하나님 앞에서 힘을 다해 뛰놀며 노래하며 연주했습니다.

"다윗과 이스라엘 온 무리는 하나님 앞에서 힘을 다하여 뛰놀며 노래하며 수금과 비파와 소고와 제금과 나팔로 연주하니라"(대상 13:8).

또 다윗은 오벧에돔의 집에 있던 언약궤를 다시 예루살렘으로 옮기려 할 때에도 여호와 앞에서 힘을 다해 춤을 추었습니다.

"다윗이 여호와 앞에서 힘을 다하여 춤을 추는데 그때에 다윗이 베 에봇을 입었더라"(삼하 6:14).

그런데 이 모습을 사울의 딸이요 다윗의 아내인 미갈이 보았습니다. 미갈의 눈에는 자신의 에봇이 벗겨진 줄도 모르고 춤을 추는 다윗의 모습이 너무나 천박하게 여겨졌습니다. 그래서 심중에 다윗을 업신여겼습니다.

"미갈이 창으로 내다보다가 다윗 왕이 여호와 앞에서 뛰놀며 춤추는 것을 보고 심중에 그를 업신여기니라"(삼하 6:16b).

다윗이 집으로 들어왔을 때 미갈은 어떻게 방탕한 자가 자기의 몸을 드러내는 것처럼 계집종의 눈앞에서 몸을 드러내었느냐며 비난하고 책망했습니다. 그러자 다윗은 자신을 비난하고 책망하는 아내 미갈에게 이렇게 말합니다.

"이는 여호와 앞에서 한 것이니라"(삼하 6:21a).

언약궤 앞에서 옷이 벗겨지는 줄도 모르고 힘을 다해 춤을 추고 노래한 것은 결코 사람 앞에서 한 것이 아니라 여호와 앞에서 한 것이라는 것입니다. 다윗은 사람을 의식하지 않았습니다. 다윗은 하나님 앞에서 오직 하나님만을 의식하며 하나님을 찬양했습니다. 다윗은 다른 사람들이 찬양하며 춤추며 예배하는 것을 구경만 하지 않았습니다. 자신이 직접 춤을 추며 하나님을 예배했습니다.


## 하나님 앞에서 예배하라

하나님은 영이시기 때문에 우리의 육안으로는 볼 수 없지만 우리는 영의 눈으로 하나님의 보좌를 바라보며 그 앞에서 예배해야 합니다. 찬양뿐 아니라 우리의 기도 역시 하나님 앞에서 드려져야 합니다. 그래서 시편 기자는 시편 95편 6절에서 "오라 우리가 굽혀 경배하며 우리를 지으신 여호와 앞에 무릎을 꿇자"고 했습니다.

왜 500년 전 종교 개혁자들은 코람데오, 곧 '하나님 앞에서'를 외쳤습니까? 눈에 보이지 않는 하나님보다 눈에 보이는 교황을 더 중요하게 생각하고 눈에 보이는 화려한 성전에만 더 큰 관심을 가짐으로 하나님과 점점 멀어져 갔기 때문입니다. 우리는 하나님 앞에서의 삶을 살아야 합니다.

예배는 하나님과의 만남입니다. 우리는 하나님 앞에서 예배해야 합니다. 우리가 하나님 앞에 있을지라도 하나님에게 집중하지 않으면 의미가 없습니다. 하나님 앞에 있으면서도 하나님이 아닌 다른 것에 집중한다면 그것은 하나님을 모독하는 것입니다. 그러므로 예배자는 하나님에게 집중해야 합니다. 에스겔 46장 9절은 예배하는 자가 어떻게 하나님에게 집중해야 하는지를 보여 줍니다.

"그러나 모든 정한 절기에 이 땅 백성이 나 여호와 앞에 나아올 때에는 북문으로 들어와서 경배하는 자는 남문으로 나가고 남문으로 들어오는 자는 북문으로 나갈지라 들어온 문으로 도로 나가지 말고 그 몸이 앞으로 향한 대로 나갈지며"(겔 46:9).

하나님을 경배하기 위해 나아올 때 북문으로 들어오는 자는 절대로 북문으로 나가지 말며 남문으로 들어오는 자는 절대로 다시 남문으로 나가지 말라는 말입니다. 다시 말하면, 오던 문으로 돌아가지 말고 직선으로 똑바로 나가라는 말입니다. 물론 앞 절을 보면 안식일과 초하루에는 왕이 들어왔던 문으로 다시 나갈 수 있었습니다. 하지만 모든 절기에는 왕과 백성들 모두 들어왔던 문이 아닌 반대의 문으로 나가야 했습니다.

하나님은 왜 에스겔에게 이런 말씀을 하셨을까요? 첫 번째는 질서 때문입니다. 예루살렘 성전이 회복되면 정말 많은 사람들이 성전에 예배하기 위해 찾아올 것인데 그러면 굉장히 혼잡해질 것이기 때문에 그 혼잡스러움을 막기 위한 질서를 위해 주신 말씀입니다. 이것을 보면 하나님은 혼돈의 하나님이 아니라 질서의 하나님이십니다.

"하나님은 무질서의 하나님이 아니시요"(고전 14:33a).

하나님은 이 질서에 관한 말씀으로 은사에 대해 말씀하셨습니다. 무슨 말입니까? 은사를 사용함에도 질서가 필요하다는 것입니다. 가끔 은사를 가졌다는 사람들이 교회의 질서를 무시하고 무너뜨리는 일을 봅니다. 그러나 은사가 아니라 질서가 먼저입니다.

예배를 드림에 있어서도 질서가 중요합니다. 국가에도 질서가 필요하고 가정에도 질서가 필요합니다. 그래서 하나님은 그 질서 때문에 권위 아래 복종하고 남편에게 복종하라고 말씀하신 것입니다. 왜 우리가 동성애를 심각하게 받아들입니까? 그것은 하나님의 창조의 질서를 무너뜨리고 가정의 질서를 깨뜨리기 때문입니다.

그런데 에스겔 46장 9절은 질서만의 문제가 아니라 예배드리는 사람들의 자세가 어떠해야 하는지에 대해서도 가르쳐 줍니다. 하나님이 이렇게 말씀하신 또 하나의 이유는 하나님에게 집중하도록 하기 위함입니다. 예배자는 사람을 보러 나아온 것이 아닙니다. 목사의 얼굴을 보기 위해 나아온 것도 아닙니다. 성가대의 찬양을 듣기 위해서도, 십자가를 묵상하기 위해서도 아닙니다. 예배자는 하나님을 만나기 위해 나아오는 자입니다. 그렇다면 예배자는 반드시 그 보좌에 앉으신 하나님에게 집중해야 합니다. 보좌에 앉으신 하나님만을 바라보아야 합니다.


하나님만을 바라보는 예배

예배하는 자의 모든 초점은 바로 하나님입니다. 예배의 초점은 자기에게 있지 않습니다. 예배자는 처음부터 마지막까지 하나님만을 바라보며 나아가야 합니다. 그래서 북문으로 들어오는 자는 다시 북문으로 돌아가지 말고 계속 직진해서 남문으로 나가야 합니다. 남문으로 들어오는 자도 역시 직진해서 북문으로 나가야 합니다. 다시 돌아오던 길로 나가면 안 됩니다. 이 말은 등을 돌려서는 안 된다는 말입니다. 예배자는 절대로 하나님만 바라봐야지 등을 돌려서는 안 됩니다.

그런데 많은 사람들이 북문으로 들어왔다가 다시 북문으로 나갑니다. 남문으로 들어왔다가는 다시 남문으로 나갑니다. 무슨 말입니까? 예배드리러 왔음에도 불구하고 자꾸 하나님에게 등을 돌린다는 말입니다. 등을 돌린다는 말은 관심이 없다는 말입니다. 부부 지간에도 등을 돌리고 자면 오해를 받습니다. "아니 당신은 내가 싫은 거야? 언제부터 그렇게 변했어. 혹시 나 말고 좋아하는 사람이라도 생겼어?" 이처럼 등을 돌린다는 것은 상대방에 대한 인격 모독입니다. 등 돌리는 사람에 대해 기분 좋은 사람은 없습니다. 하물며 하나님의 기분은 어떠시겠습니까.

예배자는 절대로 등을 돌려서는 안 됩니다. 등을 보여서는 안 됩니다. 오직 하나님만을 바라봐야 합니다. 오직 하나님에게만 관심을 가지고 오직 하나님에게만 시선을 고정시키며 나아가야 합니다. 그런데 우리는 자꾸 사람들을 의식합니다. 손뼉을 치고 싶고 손을 들고 찬양을 드리고 싶어도 '사람들이 나를 어떻게 생각할까?' 하며 다른 사람을 의식합니다. 또 어떤 사람은 예배 시간 내내 자기 자신의 형편과 처지만을 생각합니다. 예배 시간 내내 온갖 염려만 하다가 돌아가는 사람도 있습니다. 어떤 사람은 예배 시간에 습관적으로 지각을 하고 축도도 끝나기 전에 총알처럼 예배당을 빠져 나갑니다. 안내하고 봉사하는 것 때문에 예배의 사각지대에 머무르기도 합니다. 그런가 하면 예배 시간에 항상 뒤에 앉아서 예배를 드리려는 사람도 있습니다. 사실 제일 편하고 관망하기 좋은 자리가 뒷자리입니다. 그런데 뒤에 있으면 시선이 하나님에게로만 잘 집중되지 않습니다. 예배하는 자는 앞자리에 앉아 예배드려야 합니다. 그 이유는 하나님에게 집중하기 위해서입니다.


## 온전한 예배

그렇다면 하나님만을 바라보는 예배, 하나님이 받기 원하시는 예배란 구체적으로 무엇을 말하는 것일까요? 그것을 세 가지로 나누어 살펴보겠습니다.

### 예배의 정신

먼저 '예배의 정신'에 대해 생각해 봅시다.

"군주가 무리 가운데에 있어서 그들이 들어올 때에 들어오고 그들이 나갈 때에 나갈지니라"(겔 46:10).

여기서 군주는 왕을 말합니다. 그러니까 왕도 하나님에게 경배를 드리기 위해서 나아올 때는 일반 백성들과 함께 있다가 그들이 예배하러 올 때 같이 들어오고 나갈 때 그들과 함께 나가라는 말입니다.

무슨 말입니까? 예배할 때 왕이라고 해서 특별하게 대우하는 일이 없도록 하라는 말입니다. 왕은 어떤 사람입니까? 당시에 왕은 "짐이 곧 국가다"라는 말처럼 대단한 존재입니다. 특권 계층에 속한 자입니다. 하지만 만왕의 왕이신 하나님을 예배하러 나올 때에는 일반 백성들과 같이 그들 속에 섞여 그들과 똑같이 예배하라는 말입니다. 이것은 무엇을 말합니까? 평등과 일치를 말합니다.

예배가 무엇입니까? 예수를 믿음으로 의롭다 함을 얻은 하나님의 자녀들이 왕이신 하나님 앞에 예수의 이름으로 나아가는 것입니다. 왕의 신분이 아닌 하나님의 자녀 된 신분을 가지고 나아가는 것입니다. 하나님의 자녀 된 우리에게는 신분도 계급도 없습니다.

교회 안에 계급이 있습니까? 목사가 가장 높고, 그 다음에는 장로고, 다음에는 안수집사고, 다음에는 평신도고 그렇습니까? 아닙니다. 모두가 하나님의 자녀입니다. 그러한 직분은 교회의 질서를 위해, 효과적으로 하나님 나라를 확장시키기 위해 세우신 직분입니다. 높고 낮음이 아닙니다.

하나님은 예배하는 우리 모두가 하나님의 자녀 된 신분으로 일치된 마음을 가지고 나아오기를 원하십니다. 교회에서는 배운 자나 배우지 못한 자, 가진 자나 가지지 못한 자, 권력을 가진 자나 막노동판에서 일하는 자 모두 동일합니다. 똑같은 하나님의 자녀입니다.

하나님 앞에 예배하기 위해 나아오는 자는 자신의 계급장을 떼어야 합니다. 그런데 사람들은 자꾸 신분이 높아지면 특별한 대우를 받고 싶어 합니다. 돈이 좀 모이면 가난한 사람들하고는 격이 맞지 않는다며 돈 있는 사람들끼리 어울리려고 합니다.

교회 안에 고쳐야 할 부분이 많습니다. 대부분의 교회에는 당회석이 있습니다. 그런데 당회석은 성경적이지 않습니다. 왕도 특별한 대우를 받지 못하도록 했는데 왜 예배당에 특별한 자리를 만들어야 합니까?

우리는 모두 왕이신 하나님 앞에 하나님의 자녀 된 신분으로 나아가야 합니다. 당신의 신분을 내려놓으십시오. 계급도 내려놓으십시오. 아직까지 주변 사람들과 해결하지 못한 인간적인 담이 있다면 그 담을 헐어 버리십시오. 그리고 겸손한 마음으로 하나님만을 바라보며 나아가십시오. 예배의 정신은 평등과 일치입니다.

### 예배의 본질

두 번째, '예배의 본질'에 대해 생각해 봅시다. 예배의 본질은 보는 것이 아닌 드림입니다. 사람들은 예배를 자꾸 보는 것으로 생각합니다. 그래서 예배를 보러 간다고 말하고 예배를 보았다고 말합니다.

에스겔 46장 12-15절을 보면 '드림'이라는 표현이 무려 여섯 번이나 나옵니다. 그중 두 구절을 살펴보면 다음과 같습니다.

"감사제를 준비하여 나 여호와께 드릴 때에는 그를 위하여 동쪽을 향한 문을 열고 그가 번제와 감사제를 안식일에 드림같이 드리고"(겔 46:12b).

"아침마다 일 년 되고 흠 없는 어린 양 한 마리를 번제를 갖추어 나 여호와께 드리고"(겔 46:13).

예배의 본질은 드림입니다. 누가복음 7장을 보면 죄 많은 한 여인이 자신의 전 재산인 향유를 예수님의 몸에 붓고 눈물을 흘립니다. 그리고 예수님의 발 앞에 엎드려 여인의 숨결이라 할 수 있는 자신의 머리를 풀어 예수님의 발을 씻기기 시작합니다. 이 여인은 왜 이렇게 했을까요? 그 이유는 단 한 가지입니다. 예수님을 사랑했기 때문입니다. 다른 사람들은 300데나리온이나 되는 것을 왜 낭비하느냐고 분노하고 비아냥거렸지만 예수님을 사랑했던 이 여인에게는 그 어떤 것도 문제가 되지 않았습니다. 사랑은 그 어떤 것으로도 계산될 수 없기 때문입니다.

예배란 나를 사랑하사 독생자 예수 그리스도를 내어 주시어 십자가에 달려 죽게 하신 하나님에게 내 인생의 최고를 드리는 것입니다. 다시 말해, 예배란 최고의 하나님에게 내가 드릴 수 있는 최상의 것을 드리는 것입니다.

그렇습니다. 예배는 드림입니다. 나의 전부이신 하나님에게, 내 삶의 이유와 나의 생명이신 주님에게 나의 시간을 드리고 찬양을 드리고 마음을 드리고 물질을 드리는 것입니다. 이것이 바로 예배입니다. 그런데 사람들은 드리는 것보다 뭔가를 받으려고 합니다. 은혜를 받으려고만 하고 복을 받으려고만 하고 깨달음을 얻으려고만 합니다. 그러나 받음이 아닌 드림이 먼저입니다.

예배의 중심

마지막으로 '예배의 중심'이 무엇인지에 대해 생각해 봅시다.

"아침마다 일 년 되고 흠 없는 어린 양 한 마리를 번제를 갖추어 나 여호와께 드리고"(겔 46:13).

번제를 드릴 때 어떤 제물로 드려야 한다고 말합니까? 1년 되고 흠 없는 어린 양입니다. 그렇다면 이것은 무엇을 말합니까? 하나님의 어린 양, 곧 십자가 위에서 우리의 모든 죄와 허물을 대신 짊어지시고 화목 제물이 되신 예수 그리스도를 말합니다.

예수 그리스도가 우리 예배의 중심입니다. 예수 그리스도가 없는 예배는 예배가 아닙니다. 예수 그리스도의 십자가가 사라진 예배는 예배가 아닙니다. 예배 시간마다 주님의 십자가의 보혈이 우리의 심령에 흘러넘쳐야 합니다. 찬송할 때마다, 기도할 때마다, 말씀을 들을 때마다 항상 주님의 보혈이 우리의 심령을 적셔야 합니다. 예배할 때마다 주님의 보혈로 우리의 영과 혼과 육을 씻어야 합니다. 보혈을 지나 그 은혜의 보좌 앞으로 나아가야 합니다.

에스겔 46장 14-15절에는 "아침마다 … 항상"이라는 말이 반복해서 나옵니다. 한 번이 아닙니다. 예배할 때마다, 아침마다, 그 번제를 드릴 때마다 항상 1년 되고 흠 없는 어린 양으로 제사를 드려야 했듯이 우리가 드리는 모든 예배 속에 항상 예수 그리스도의 십자가가 있어야 합니다. 항상 그 보혈이 있어야 합니다. 왜냐하면 예수님의 십자가에서 흘리신 그 보혈이 있었기에 우리가 죄 사함을 얻고 하나님의 자녀가 되어 영원한 생명을 얻었기 때문입니다. 그런데 예배를 자주 드리다 보면 예배의 중심을 잃어버릴 때가 있습니다. 중심이 없이 형식으로만 습관적으로 예배를 드릴 때가 있습니다.

우리가 즐겨 부르는 찬양 중에 〈마음의 예배〉The Heart Of Worship 라는 곡이 있습니다. 이 찬양은 매트 레드맨Matt Redman 이라는 찬양 사역자가 만든 곡입니다. 가사 중에 이런 내용이 있습니다.

"화려한 음악보다 뜻 없는 열정보다 중심을 원하시죠.
주님께 드릴 마음의 예배 주님을 위한 주님을 향한 노래.
중심 잃은 예배 내려놓고 이제 나 돌아와 주님만 예배해요."

어느 날 매트 레드맨은 자신의 사역 팀이 예배를 드리는 데 있어 하나님에게 집중하기보다는 기술이나 경험 등에 의존하고 있다는 것을 깨닫게 되었습니다. 그래서 잠시 찬양 사역을 중단하고 말씀과 기도로써, 하나님과의 교제를 회복하는 것에 힘쓰면서 〈마음의 예배〉라는 곡을 만들었던 것입니다.

우리가 아무리 열정적이고 화려한 예배를 드려도 우리의 중심이 하나님을 향하지 않으면 하나님은 그 예배를 받지 않으십니다. 예배의 중심은 예수 그리스도입니다. 우리의 예배 가운데 예수 그리스도가 없다면 그것은 예배가 아닙니다.

## 예배 - 자녀의 특권

피조물인 인간이 죄 사함을 얻고 하나님의 자녀가 되어 하나님에게 예배드릴 수 있다는 것은 특권 중에 특권입니다. 예배는 인간이 할 수 있는 가장 위대한 일이며 가장 가치 있는 일인 것입니다. 예배의 특권을 누리십시오.

예배란 하나님을 만나는 것입니다. 그러므로 날마다 하나님 앞에서 예배를 드리십시오. 예배를 드리되 하나님에게 집중해서 드리십시오. 사람을 의식하지 말고 내 자신의 염려와 걱정에도 매이지 말며 오직 주님만을 바라보며 나아가십시오.

예배의 정신은 평등과 일치입니다. 신분과 계급을 버리고 그리스도 안에서 일치된 마음을 가지고 나아가십시오. 예배의 본질은 드림입니다. 뭔가를 받으려 하지 말고 먼저 당신의 마음과 시간과 물질을 드리십시오. 예배의 중심은 예수 그리스도이십니다. 그러므로 날마다 유월절 어린 양의 피에 젖어 하나님을 찬양하며 예배하십시오. 우리가 이렇게 예배하면 하늘의 문이 열리며 하나님이 우리의 예배를 받으실 것입니다.

📌 **예배를 기뻐하는 사람은?**

1. 사람을 의식하지 않고 있는 힘을 다해 하나님을 찬양하는 사람입니다.
2. 오직 하나님만을 바라보는 사람입니다.
3. 예배를 통해 하나님을 만나고 예배를 위해 자신의 전부를 드리는 사람입니다.